I0371814

www.ingramcontent.com/pod-product-compliance
Lightning Source LLC
Chambersburg PA
CBHW071419070526
44578CB00003B/614
9781955768313

IX 9Marks

العلامات التسع / سلسلة الخطوات العشر الأولى

الشخصية

كيف أتغيَّر؟

شارون ديكنز

تحرير السلسلة في الإنجليزية: ميز ماكونيل

CHRISTIAN FOCUS

IX 9Marks

ذهن جديد

© 2019 by Sharon Dickens.

Originally Published by Christian Focus Publications Ltd., under the title *Character. How do i Change?* Translated by permission. All rights reserved.

9Marks ISBN: 978-1-955768-31-3

اسم الكتاب: الشخصية. كيف أتغيَّر؟

المؤلف: شارون ديكنز

الناشر للطبعة العربية: خدمة «ذهن جديد»

www.zehngadid.org

مسؤول الخدمة: الدكتور/ ياسر فرح

ترجمة: أمير سامي

مراجعة: ساندرا سامح

المطبعة: سان مارك

رقم الإيداع: 2021/20341

الترقيم الدولي: 978-977-90-9518-9

جميع حقوق النشر والطبع محفوظة. يُمنَع إعادة طبع أي جزءٍ من هذا الكتاب، دون إذن خطي مُسبَقٍ من الناشر، كما يُمنَع تخزينه بأي شكلٍ يسمح باسترجاعه وإعادة استعماله. ويُمنَع نقله بأي شكلٍ من الأشكالِ وبأيَّة وسيلةٍ، سواءٌ كانت إلكترونيَّةً، آليَّةً، بالاستنساخِ الفوتوغرافي أو بالتسجيلِ الصوتي وخلافِهِ. ويُستثنَى من هذا حصريًّا الاقتباسات القصيرة الموضوعة بين هلالين مع ذكرِ مصدر الاقتباس بالتوثيقِ العلمي.

اقتباسات النصوص الكتابيَّة مأخوذةٌ من ترجمةِ البستاني – ڤاندايك، إلَّا إذا أُشيرَ إلى غيرِ ذلك.

Printed in Egypt

أحببت حقًّا كتاب شارون. أحببت أنها تُعلِّم وتُطبِّق آية واحدة هامة بشكل شامل. أحببت أنها تُشجِّع على حفظ الآيات الكتابية. أحببت أنه عند قراءته تشعر بأنه حقيقي ويخاطبنا اليوم، وليس نوع الكتابات الصادرة من شخص يعيش داخل فقاعة منعزلة. وأكثر سبب يدعوني لمحبته هو أنه ساعدني على النمو كشخص مسيحي وأن أكون أكثر شبهًا بالمُخلِّص الذي أحبه أنا وشارون.

- أدريان رينولدس
راعي ومؤلف ومدير قومي مُساعد،
شركة الكنائس الإنجيلية المستقلَّة

يحتوي هذا الكتاب على الكثير من الحكمة، والمعونة، وحس الفكاهة في أحيانًا. تقوم شارون بعمل عظيم يبيِّن أنه عندما نفهم محبة الله، فإنها تغيِّرنا بحيث نبدو أكثر شبهًا بيسوع. بينما أقرأ الكتاب، أجد نفسي أمام تحدٍّ وأجد معونة لكي أصبح أكثر محبة وفرحًا وصبرًا ولطفًا. أخطِّط أن أستخدم هذا الكتاب مع شخص مسيحي جديد هذا الأسبوع!

- مايك ماكينلي
الراعي الرئيسي لكنيسة
ستيرلنج بارك المعمدانية، فيرجينيا

المحتويات

تقديم ٥

مُقدِّمة السلسلة ٩

تَقَابَل مع جاكي ١٣

الفصل الأول
كل ما نحتاجه هو المحبة، أليس كذلك؟ ١٧

الفصل الثاني
نحن عبارة عن حزم صغيرة من الفرح، أليس كذلك؟ ... ٣١

الفصل الثالث
أعطِ فرصة للسلام ٤٣

الفصل الرابع
لا تضع العَرَبة أمام الفَرَس: الصبر ٥٥

الفصل الخامس
نصطاد المزيد من الذباب بالعسل ٦٧

الفصل السادس
نحن مخلوقون للصلاح ٧٩

الفصل السابع
المحبة تجعل الأمانة سهلة، أليس كذلك؟ ٩١

الفصل الثامن
أن نكون ودعاء يعني فقط أننا ضعفاء، أليس كذلك؟ ١٠٥

الفصل التاسع
القيام بالمطلوب حتى عندما لا تريد ذلك: ضبط النفس (التعفُّف) ١١٥

الخاتمة ١٢٩

تقديم

المرات الوحيدة التي أتذكَّر ذِهابنا فيها للكنيسة كعائلة هي حفلات الزفاف. وحتى عندئذ كان والدي ينتظر بالخارج حتى ننتهي. أحيانًا كنت أذهب إلى مدارس الأحد المحلية للأطفال حيث تعلمت القليل من قصص الكتاب المُقدَّس. في المدرسة كان لدينا اجتماع كل يوم جمعة؛ ترانيم المدرسة القديمة (التي أحبها الآن) وفكرة لطيفة لليوم يلقيها علينا الخادم المحلِّي. تعلَّمت أن أتلو الصلاة الربَّانيَّة عن ظهر قلب – كان عليَّ أن أقولها كل يوم جمعة لمدة سبع سنوات. في الحقيقة أنا لم أفهم أي شيء من هذا، كان هذا مجرد شيء توجَّب علينا أن نحضره حتى نهايته دون أن نضحك أو يضبطك أي شخص تتكلم مع أصدقائك. في الواقع مرَّت سنوات قبل أن يشرح لي أي شخص رسالة الإنجيل.

وكمؤمنة جديدة لم تكن لدي فكرة عما يبدو عليه «المؤمن المسيحي الحقيقي». بالنسبة لمسيحيَّة شابة بدا لي أن هناك أصوات كثيرة ولا واحد منها يخبرني بأكثر الأشياء فائدة. هذا هو السبب في أن كتاب «أصوات» هام للغاية في هذه السلسلة – كان عليَّ أن أتعلَّم أي الأصوات أنصت لها وأيها أتجاهل.

كان الأمر مربكًا. كان الناس يقولون لي ما المفترض أن يبدو عليه الشخص المسيحي. بدا قدر كبير من هذا ذا أهمية – ماذا أرتدي، الكتاب المُقدَّس الذي أستخدمه، الطريقة التي أتكلم بها، الكلمات التي استخدمها، شخصيَّتي – كوني حادَّة الطبع كان قطعًا أول شيء ينبغي

أن يتغيَّر. كل شخص كان لديه شيء ليقوله عن شيء ما. شعرت بأنني مثل وتد مربع في حفرة مستديرة وبدا الأمر كما لو أنه ينبغي عليَّ أن أغيِّر كل شيء في نفسي. هل كان هذا حقًّا ما توقَّعه اللهُ؟

شكرًا لله، جاءت امرأة تقيَّة ناضجة تُدعى مارجوري إلى جواري، وساعدتني على حل خيوط ما يقوله الكتاب المُقدَّس بشأن هذه الأمور. أدركت على مر الوقت أن معظم الأشياء التي أخبرني المسيحيُّون أنها كانت عناصر في الشخصية التقيَّة كانت في الحقيقة عناصر ثقافيَّة وليست كتابيَّة. كانت فقط الطريقة التي أحبُّوا أن يبدو عليها الشخص المسيحي – أن يكون مثلهم. استغرق الأمر منِّي وقتًا طويلًا حتى أدركت أنه عليَّ أن أنسجم مع المعيار الذي وضعه يسوع، وليس مع الصورة المثاليَّة زائدة الرقَّة التي يظن بعض المسيحيِّين أنها هي صورة الإنسان التقي.

في هذا الكتاب، أرجو – كما فعلت لأجلي صديقتي مارجوري بالضبط – أن أساعدك على حل خيوط ما يقوله الكتاب المُقدَّس عن الشخصية التقيَّة: ما هي معايير يسوع بالنسبة لحياتك.

شارون ديكنز
يوليو ٢٠١٩

مُقدِّمة السلسلة

تساعد سلسلة الخطوات العشر الأولى في إعداد من جاءوا من خلفيَّة لم يحضروا فيها الكنيسة في صغرهم على أخذ الخطوات الأولى في اتِّباع يسوع. نُسمِّي هذا «الطريق إلى الخدمة»، لأننا نؤمن أن كل مؤمن ينبغي أن يتم تجهيزه ليكون خادمًا للمسيح وكنيسته بغض النظر عن خلفيَّته أو خبرته في الحياة.

إن كنت قائدًا في الكنيسة وتقوم بالخدمة في أماكن صعبة، استخدم هذه الكتب كأداة لتساعدك في تنمية من لا يألفون تعاليم يسوع لتجعلهم تلاميذًا جُدُدًا. سوف تُجهِّزهم هذه الكتب لكي ينموا في الشخصية والمعرفة والعمل.

أو إن كنت أنت نفسك جديدًا في الإيمان المسيحي، ولا زلت تصارع حتى تفهم معنى أن يكون المرء مسيحيًّا، أو ماذا يقول الكتاب المُقدَّس فعليًّا، فسيكون هذا دليلًا سهل الفهم بالنسبة لك بينما تخطو أولى خطواتك كتابع ليسوع.

هناك طُرُق كثيرة يمكنك أن تستعمل بها هذه الكتب:

- يمكن استخدامها من قِبَل شخص واحد يقرأ المحتويات ببساطة ويجيب عن الأسئلة بمفرده.
- كما يمكن استخدامها في صورة لقاء بين شخصين، حيث يقرأ الاثنان المادة المكتوبة قبل أن يلتقيا ثم يناقشان الأسئلة معًا.

- كمــا يمكـن اسـتخدامها فـي صـورة مجموعـة حيـث يُقدِّم القائـد المـادة فـي صـورة حديـث أو عظـة، ويتوقَّـف عنـد نقـاط معينـة للمناقشــة داخـل المجموعـة.

سوف يُحدِّد إعدادك أفضل طريقة لاستعمال هذا الدليل.

دليل المُستَخْدِم

بينما تقوم بالدراسة سوف تصادفك الرموز التالية ...

جاكـي – سـوف أُقـدِّم لـك جاكـي. سـتكون هنـاك أوقـات فـي كل فصـل تسـمع فيهـا شـيئًا عـن قصتهـا ومـا كان يحـدث فـي حياتهـا. نريـدك أن تأخـذ مـا كنـا نتعلَّمـه مـن الكتـاب المُقـدَّس وتتبيَّـن الفـرق الـذي يمكـن أن يُحدثـه فـي حيـاة جاكـي وحياتـك. لـذا، متـى رأيـت هـذا الرمـز سـوف تسـمع المزيـد عمـا يجـري معهـا.

توضيـح – مـن خـلال أمثلـة وسـيناريوهات مأخـوذة مـن الحيـاة الواقعيـة، سـوف تسـاعدنا هـذه الفقـرات علـى فهـم النقطـة المطلـوب إثباتهـا وتوضيحهـا.

تَوَقَّـف – عندمـا نصـل إلـى نقطـة هامـة أو صعبـة سـوف نطلـب منـك أن تتوقَّـف وتقضـي بعـض الوقـت فـي التفكيـر أو الحديـث عمَّـا تعلَّمنـاه للتـو. ربمـا يجيـب هـذا عـن بعـض الأسـئلة، أو ربمـا يقودنـا هـذا إلـى سـماع المزيـد مـن قصـة جاكـي.

آيـة مفتاحيَّـة – الكتـاب المُقـدَّس هـو كلمـة اللهُ لنـا، وبالتالـي يُمثِّـل الكلمـة الفاصلـة بالنسـبة لنـا فـي كل شـيء علينـا أن نؤمـن بـه وكيـف علينـا أن نسـلك. بالتالـي نريـد أن نقـرأ الكتـاب المُقـدَّس أولًا، ونريـد أن نقـرأه بعنايـة. لـذا متـى رأيـت هـذا الرمـز عليـك أن تقـرأ

أو تُنصِت إلى الفقرة الكتابية ثلاث مرات. إن شَعَر الشخص الذي تقرأ معه الكتاب المُقدَّس بالارتياح، اجعله يقرأ الفقرة مرة واحدة على الأقل.

آية للحفظ – في ختام كل فصل سوف نقترح آية كتابية للحفظ. لقد وجدنا أن حفظ الآيات الكتابية أمر مؤثِّر بحق في بيئتنا. سوف تتعلَّق الآية (أو الآيات) بشكل مباشر بالمواضيع التي غَطَّيْناها في الفصل.

مُلخَّص – كذلك عند نهاية كل فصل وضعنا مُلخَّص قصير لمحتويات هذا الفصل. إن كنت تقوم بدراسة الكتاب مع شخص آخر، ربما يكون من المفيد العودة إلى ذلك المُلخَّص عندما تستأنف محتويات الأسبوع السابق.

تَقَابَل مع جاكي

جاكـي أم وحيـدة لثلاثـة أطفـال، وهي في منتصـف الثلاثينيـات من العمر وقد عاشت في مشروع إسكان جلاسجو للأُسَر الفقيرة طـوال حياتهـا. كانت مع زوجهـا فرانـك لمـدة أكثر من عشـر سنوات ولكن منذ ستة أشهر تركها. لدى جاكي ثلاثة أطفال: جيك (١١)، له أب مختلف عـن أبو بيلـي جـان (٨) ووي فرانكي (٣). ابنهـا الأكبر، جيـك، لا يرى أباه الحقيقي على الإطلاق لأنه ما إن اكتشف أن جاكي كانت حاملًا حتى رحل فجأة دون أن يخبر أحدًا. في الواقع، يرى جيك أن فرانك أبوه. لم يعامله فرانك بأي شكل مختلف البتَّة عن ابنيـه الآخرين. حاول فرانك أن يـرى الأولاد، ولكن عندمـا يرونـه يتحوَّل اللقـاء عـادة إلـى مبـاراة صـراخ بينـه وبيـن جاكـي علـى المـال وحقوق الزيارة. كانت جاكي تصارع لأجل تربية الأطفـال والتأقلم مـع الحيـاة منـذ تركهـا فرانـك. إنهـا مُتعَبَة طـوال الوقت، وقد سئمت مـن محاولـة الحصـول علـى مـال كافٍ لتأميـن احتياجـات بيتهـا طـوال الوقت وتشعر بالضغط لكونها مضطرة أن تقوم باتخاذ قرارات دائمًا. إنها تريد أن تتغيَّر حياتها لكنها لا تعرف كيف سيحدث هذا.

الحياة الآن

تعرَّفَت جاكي لأول مـرة علـى الرسـالة المسيحيَّة في مدرسـة الأحد عندمـا كانت طفلة، ولكن اتَّخذت حياتها منحى آخر في بدايات سن المراهقـة. فقد اشـتركت فـي خدمـة ترانيـم عيد الميلاد في الكنيسة

بعدما تلقَّت دعوة من باب بيتها. بعد هذا بدأت تأتي خدمة كل يوم أحد، وأحبَّت ترنيم الترانيم والإنصات لتعليم الكتاب المُقدَّس. لم يمر وقت طويل قبل أن تَقبل الخبر السار عن يسوع، وتضع إيمانها في عمله التام، وتطلب منه أن يأتي ويغيِّر حياتها الفوضوية.

ولكن هناك مشكلة: منذ ذلك الحين، لا تبدو أن حياتها قد تغيَّرت بشكل كبير من يوم الإثنين إلى يوم السبت. فهي تتشاجر مع الجيران (الذين يصدرون ضوضاء في الليل)، كما أنها تقع في متاعب على الفيسبوك (عائلتها مزعجة وكثيرًا ما يكونون «ذوي وجهين»)، ودائمًا ما تتفقَّدها وزارة الخدمات الاجتماعية هي والأطفال. عندما تُسأل، تقول إنها مسيحيَّة، ولكنها تدرك أن حياتها لا ترقى لمستوى اعترافها بالإيمان. هي تريد أن تتغيَّر لكنها ليست متأكدة حقًّا من أنه يمكنها أن تتغيَّر أو من أين تبدأ. لذا فهي تشعر باليأس، خاصة عندما تنظر إلى بعض النساء في الكنيسة – إذ تظهرن مثاليَّات تمامًا بالنسبة لها.

هذه هي قصة جاكي ...

ما المقصود؟

ينبغي أن ينمو المسيحيُّون في المحبة.

١ – كل ما نحتاجه هو المحبة، أليس كذلك؟

إذ كنت أجلس في أحد المقاهي ذات يوم أراقب الناس، فتجسَّست على زوجين يتناولان الغداء. كان من الصعب أن يفوتني أنهما معًا – فقد كانت السترتان المتطابقتان تصرخان بشكل واضح «نحن في علاقة رومانسية» – ولكن لم يكن هذا هو التشابه الوحيد. عندما تطلَّعت عن كثب بديا متشابهين حقًّا. هذا غريب، أليس كذلك؟ ولكن هل سبق ولاحظت أنه كلما أمضيت وقتًا أطول مع شخص تحبه، كلما بدا أنك تأخذ بعضًا من سماته وطرقه المميَّزة؟ يبدأ الأمر بكلمة غريبة هنا وهناك وقبل أن تدري ستكمل أنت عباراته وتنسِّق ملابسه. نحن نتأثَّر ونتغيَّر بقضائنا الوقت مع من نحب. ينبغي أن يكون الأمر كذلك بالنسبة لنا كمسيحيِّين.

بينما نقضي الوقت مع الله وننمو في النضج، يجب أن نتأثَّر به ونصبح أكثر فأكثر مثل يسوع.

إنها فكرة غريبة إلى حد ما وتبدو صعبة الفهم، ولكن كمسيحيِّين لدينا في الواقع روح الله، الروح القدس، يعيش فينا. ومن البديهي أنه إن كان يعيش فينا، لا بد أن يكون هناك دليل ما على ذلك في حياتنا. حيث إنه لا بد أن يؤثِّر علينا. لست أتكلم هنا عن تأثير سطحي مثل أن يكون لدينا فجأة رغبة عميقة في ارتداء قميص منقوش بالمربَّعات،

وأن نحمل كتابًا مُقدَّسًا كبيرًا وأن نرتدي السوار المكتوب عليه «ماذا كان يسوع ليفعل» على معصمنا الأيسر ... أي أن نبالغ في الأمور الخاصة بيسوع. لكني أقصد شخصيَّتنا! ينبغي أن يكون لسُكنى الروح القدس فينا تأثير على شخصيَّتنا، وينبغي أن نرى الدليل على هذا في حياتنا.

تَوَقَّف

إذن، بصفتها مسيحية أعلنت إيمانها كيف ينبغي أن تبدو حياة جاكي؟

«أَنَا أُحِبُّ الَّذِينَ يُحِبُّونَنِي، وَالَّذِينَ يُبَكِّرُونَ إِلَيَّ يَجِدُونَنِي. عِنْدِي الْغِنَى وَالْكَرَامَةُ. قِنْيَةٌ فَاخِرَةٌ وَحَظٌّ. ثَمَرِي خَيْرٌ مِنَ الذَّهَبِ وَمِنَ الإِبْرِيزِ، وَغَلَّتِي خَيْرٌ مِنَ الْفِضَّةِ الْمُخْتَارَةِ. فِي طَرِيقِ الْعَدْلِ أَتَمَشَّى، فِي وَسَطِ سُبُلِ الْحَقِّ، فَأُوَرِّثُ مُحِبِّيَّ رِزْقًا وَأَمْلأُ خَزَائِنَهُمْ». (أمثال ٨: ١٧-٢١)

أحيانًا يصف الناس الدليل على حضور الله في حياتنا بأنه «ثمر». تمامًا كما ترى أمي الدليل على أن شجرة التفاح ذات صحَّة جديدة في محصول التفاح المليء بالعصارة الذي تجمّعه من حديقتها، هكذا نتوقَّع أن ينمو أي إنسان مسيحي وينتج «ثمرًا» في حياته.

في هذا الكتاب سوف نلقي النظر على «الثمر» الذي ينبغي أن يكون ظاهرًا بجلاء في حياتنا كمسيحيِّين: ثمر الروح.

توقَّف

هل تظن أن كل الثمر الذي نراه في حياتنا هو ثمر جيّد؟

«وَأَمَّا ثَمَرُ الرُّوحِ فَهُوَ: مَحَبَّةٌ فَرَحٌ سَلاَمٌ، طُولُ أَنَاةٍ لُطْفٌ صَلاَحٌ، إِيمَانٌ وَدَاعَةٌ تَعَفُّفٌ. ضِدَّ أَمْثَالِ هذِهِ لَيْسَ نَامُوسٌ». (غلاطية ٥: ٢٢-٢٣)

هل سبق أن رأيت سلسلة الرسوم المتحركة التي تحكي عن رجل وامرأة يرتديان أوراق التين وعليها عبارة تقول «المحبة هي...»؟ المحبة هي ألَّا تضطر أبدًا أن تقول إنك آسف، المحبة هي أن يكون لديك دائمًا شخص يدعمك، المحبة هي أن تقول أحبك في أوقات عشوائية، المحبة هي تخفيف كل ما يقلقك ... حقًّا؟! عندما نفكر في المحبة، يفكر الكثيرون منَّا في الرومانسية، وقلوب وزهور كثيرة. هكذا تشعر، بأن الفراشات ترفرف بداخلك، عندما تنظر إليك عبر الغرفة (وأنا لا أتكلم هنا عن عسر الهضم!). نظن أن الحب كله عبارة عن شغف وجنس. تأتي فكرتنا عن الحب من الأفلام والتلفاز والقصص الخيالية... في الأفلام نسمع الموسيقى الجارفة عندما يمضي البطل ليقبّل حبيبته أول قبلة مثالية تدوم لفترة كافية بحيث لا تصبح غريبة. لا تراهما يصطدمان بأنوفهم بشكل مُحرج، بل ويقفان على أطراف أصابعهما بينما يتحركان حركات راقصة وأنا متأكّدة من أن أنفاسهما منعشة. على أي حال، إنه مثالي؛ إنه الحب. هل هذا هو الحب؟

لكننا كلنا نعرف أن الحياة الحقيقية ليست مثل الأفلام. لم تكن أول قبلة محاطة بالموسيقى. وبعد ستة أشهر من إجابتك بـ «نعم»

على التعهُّدات الزوجية سوف تدرك أن كل الأشياء التي ظننت أنها عادات صغيرة ولطيفة، تزعجك بشكل واضح. تمامًا كما أدركت سندريلا بعدما تزوَّجت من الأمير الفاتن، أن كلمة «في سعادة إلى الأبد» كانت تعني التقاط ملابسه الداخلية من أرضية الحمام تمامًا مثل أي شخص آخر. الشخص الذي تزوجتيه لا يبدو هو نفس الشخص قبل الزواج – عندما كنتما تتواعدان لم يكن في وسعه فعل المزيد لإسعادك، ولكن الآن وبعد أن تزوجت أصبحت القصة مختلفة. ليس الأمر متعلِّق بطريقة تخطيطك للأمر، وهكذا تسألين نفسك، هل هذا هو الحب؟

هل ندرك حقًّا ما هو الحب؟

جاكي

تقابَلَت جاكي مع فرانك عندما كانت في الجوار في بيت صديقتها أجي ذات ليلة لتناول كوب شاي. لم تكن تبدو رائعة إذ كانت جالسة مرتدية ملابس النوم وشعرها مشدود إلى الوراء في تسريحة ذيل الحصان، ولكنهما وقعا في الحب على الفور لدى رؤيتهما لبعضهما البعض. كان هو فكاهيًّا. لم يخرجا أبدًا في لقاء غرامي بالمعنى الدقيق للكلمة أو أي شيء من هذا، ولكن بعدما ظهر في الليلة التالية لتناول الشاي لم يبدُ أبدًا أنه سيمضي في طريقه. مرَّت أسابيع حتى قال «أحبك يا حبيبتي»!

تَوَقَّف

في رأيك، ما هو الحب؟

إن كنا نريد حقًّا أن نفهم ما هو الحب نحتاج أن ننظر إلى محبة الله. بفهم محبة الله سوف نفهم كيف نحب حقًّا بعضنا البعض. إن نظرنا إلى ١يوحنا ٤: ٧-١٢ سوف نرى كيف تبدو محبة الله.

«أَيُّهَا الأَحِبَّاءُ، لِنُحِبَّ بَعْضُنَا بَعْضًا، لأَنَّ الْمَحَبَّةَ هِيَ مِنَ اللهِ، وَكُلُّ مَنْ يُحِبُّ فَقَدْ وُلِدَ مِنَ اللهِ وَيَعْرِفُ اللهَ. وَمَنْ لاَ يُحِبُّ لَمْ يَعْرِفِ اللهَ، لأَنَّ اللهَ مَحَبَّةٌ. بِهذَا أُظْهِرَتْ مَحَبَّةُ اللهِ فِينَا: أَنَّ اللهَ قَدْ أَرْسَلَ ابْنَهُ الْوَحِيدَ إِلَى الْعَالَمِ لِكَيْ نَحْيَا بِهِ. فِي هذَا هِيَ الْمَحَبَّةُ: لَيْسَ أَنَّنَا نَحْنُ أَحْبَبْنَا اللهَ، بَلْ أَنَّهُ هُوَ أَحَبَّنَا، وَأَرْسَلَ ابْنَهُ كَفَّارَةً لِخَطَايَانَا. أَيُّهَا الأَحِبَّاءُ، إِنْ كَانَ اللهُ قَدْ أَحَبَّنَا هكَذَا، يَنْبَغِي لَنَا أَيْضًا أَنْ يُحِبَّ بَعْضُنَا بَعْضًا. اَللهُ لَمْ يَنْظُرْهُ أَحَدٌ قَطُّ. إِنْ أَحَبَّ بَعْضُنَا بَعْضًا، فَاللهُ يَثْبُتُ فِينَا، وَمَحَبَّتُهُ قَدْ تَكَمَّلَتْ فِينَا». (١يوحنا ٤: ٧-١٢)

الأمر الأول الذي نحتاج إلى التركيز عليه هي أن المحبة مضحية. الآن، في الحقيقة، نحن لن يعجبنا هذا لأنه في قلب كل واحد منا، يوجد وحش أناني هو «الأنا». إن كنا أمناء فهذه ليست هي الطريقة التي نرى بها الحب ظاهرًا من حولنا، أليس كذلك؟ بالنسبة لكثيرين منا تتعلق المحبة بالحصول على شيء نريده، وليس بأن نضحّي بأي شيء. ومع ذلك يمكننا أن نرى بوضوح في الآية ٩ أن اللهُ يبيّن محبته لنا بإرسال ابنه الوحيد بحيث يمكننا أن نحب بعضنا البعض وأن نحبه بالطريقة التي يُفترض بنا فعلها، من خلاله. عندما نفكّر في هذا أكثر نجد التضحية في قلب محبة اللهُ. فهو يبذل ابنه؛ المحبة مكلّفة

قطعًا. المحبة أمر مكلف - فهي تتضمن دائمًا تقديم ذواتنا لشخص آخر. وهذا يضغط بشدة ضد وحش «الأنا» الأناني الذي يحب أن تسير الأمور بطريقته. نحتاج أن نكون أقل خدمة لذواتنا وأكثر تقديمًا من ذواتنا للآخرين. لذا، كيف يبدو هذا؟

٥ توضيح

نزلت جاكي من الحافلة وسارت بتثاقل على الطريق. كانت السماء تمطر بغزارة. فكرت في نفسها: «ممتاز!» إنها منهكة، فقد انهارت سيدة أمامها في الطابور عند مكتب المساعد في المستودع، وفي النهاية اضطروا لاستدعاء الشرطة. بدا كما لو أن الأمر قد استغرق دهورًا - لو لم تكن بحاجة ماسة للغاز والكهرباء لكانت قد غادرت المستودع. لقد كان يومًا بشعًا بالكامل، فقد تشاجرت مرة أخرى مع فرانك، وكانت غارقة في مياه المطر، وقد انقطعت يد حقيبة التسوُّق، وقد جعلتها تلك المرأة الغبية تتأخر عن التقاط الأولاد، وطوال الطريق إلى المنزل كان الأولاد يسخرون من بعضهم البعض. أصابها صداع مؤلم ولم يكن اليوم قد انتهى بعد. كانت تغلي من الغضب من فرانك: «كل ما يفعله هو لعب ألعابه الذهنية الغبية». كانت رأسها مثل الآلة التي تدور بلا هوادة بينما كانت تتصفَّح رسائل الأمس، وتعيد قراءتها عدة مرات. «مرة يرسل لي رسالة تقول إنني المرأة الوحيدة التي أَحبَّها حقًّا في حياته وكيف أنه اقترف خطأً هائلًا، ثم أراه مع ماري خارج المتجر!» فكرت جاكي في نفسها وهي تغلي من التفكير، «سوف أسحقها حين أراها». «كما لو أنني لا أعرف ما رأيته للتو - لا يمكنني أن أصدِّق وقاحته

وهو يخبرني أنه كان يتحدث معها فقط، كما لو أنني أتخيل! سوف أجعله هو «مثل الخيال في رأسي»، لنرى كيف سيكون معتزًّا بنفسه عندما لا يحصل على الأولاد هذا الأسبوع – سيمحو تلك الابتسامة من على وجهه. إنه أحمق ولقد انتهيت منه تمامًا». كانت تستشيط غضبًا طوال الطريق. دخلت من الباب، أدارت التلفاز وأعطت جيك بعض المال حتى يخرج ثم ذهبت مباشرة إلى الفراش.

ربما تكون كل امرأة تقرأ هذا التوضيح قد كرهت فرانك تمامًا الآن، وكل رجل يقول يا لجاكي من امرأة مجنونة وكم أنه من الجيد أن تخلَّص فرانك منها، ولكن، الأوضاع ليست بهذا الوضوح التام. عادة ما تكون الحياة والحق أكثر تعقيدًا من هذا بكثير من هذه القصة المُقتطفة التي نراها هنا. ومع ذلك، جاكي تدَّعي أنها مسيحيَّة، وينبغي أن يكون لهذا تأثير على طريقة تعاملها مع أمورها.

تَوَقَّف

جاكي تعترف بالمسيح، ولكن هل يعني هذا أن تستمر هكذا وتقبل هراء فرانك؟ في رأيك كيف كان ينبغي أن تكون ردة فعل جاكي؟ ما مقدار محبتها لفرانك والأطفال؟

«لاَ شَيْئًا بِتَحَزُّبٍ أَوْ بِعُجْبٍ، بَلْ بِتَوَاضُعٍ، حَاسِبِينَ بَعْضُكُمُ الْبَعْضَ أَفْضَلَ مِنْ أَنْفُسِهِمْ. لاَ تَنْظُرُوا كُلُّ وَاحِدٍ إِلَى مَا هُوَ لِنَفْسِهِ، بَلْ كُلُّ وَاحِدٍ إِلَى مَا هُوَ لآخَرِينَ أَيْضًا». (فيلبّي ٢: ٣-٤)

تَوَقَّف

فكّر في الناس الموجودين في حياتك. كم أنت معتاد على المحبة الأنانية التي تخدم ذاتك؟ شارك بمثال.

إننا نشكّل ما نظنه بشأن الحب ببعض الرتوش من الحق، والكثير من الأنانية والعادات السيئة التي التقطناها طوال طريق حياتنا، ونقنع أنفسنا بأن هذا هو «الحب».

إننا نحرِّف معناه ونلويه بطريقتنا. فتفكيرنا الخاطئ يؤثِّر على الطريقة التي نحب بها مَن حولنا.

نراه في الأم التي لا تقول «لا» أبدًا لابنها لأنها تظن أن هذه هي الطريقة التي تظهر بها محبتها أو الزوج الذي يسيطر على زوجته لأنه يظن أنه بهذا يحميها.

في الواقع هناك الآلاف من الأمثلة التي تبيِّن كيف شوَّهنا مفهوم الحب. بغض النظر عن كذبنا على أنفسنا، إن فكَّرنا في الأمر حقًّا، لن تكون نسختنا من الحب مفيدة على المدى البعيد لمن نهتم بشأنهم.

لكي نفهم كيف يبدو الحب الحقيقي، نحتاج أن ننظر إلى ما يقوله الكتاب المُقدَّس ونفكّر مليًّا في محبة الله. **المحبة جزء من كيانه وشخصيته**. وإذ نفكّر في محبة الله، وما هي المحبة في حقيقتها، سيبيِّن لنا هذا كيف نحب الآخرين أيضًا.

دعونا نلقي نظرة عن كثب على هذه الآيات من ١يوحنا ٤.

«بِهـذَا أُظْهِـرَتْ مَحَبَّـةُ اللهِ فِينَـا: أَنَّ اللهَ قَـدْ أَرْسَـلَ ابْنَـهُ الْوَحِيـدَ إِلَـى الْعَالَـمِ لِكَـيْ نَحْيَـا بِـهِ. فِـي هـذَا هِـيَ الْمَحَبَّـةُ: لَيْـسَ أَنَّنَـا نَحْـنُ أَحْبَبْنَـا اللهَ، بَـلْ أَنَّـهُ هُـوَ أَحَبَّنَـا، وَأَرْسَـلَ ابْنَـهُ كَفَّـارَةً لِخَطَايَانَـا».
(١يوحنا ٤: ٩-١٠)

لقـد أشـرت إليهـا مـن قبـل، ولكـن لا يمكـن أن يفوتنـا أبـدًا مـا تقولـه الآيـة ٩. يبيِّـن اللهُ محبتـه لنـا بإرسـاله ابنـه إلـى العالـم بحيـث يمكـن أن نخلـص مـن خلالـه. فـي قلـب محبـة اللهُ نـرى أنهـا محبـة مضحيـة، وباذلـة، ومكلِّفـة:

هذا أمرٌ مذهل عندما نتأمله.

نحـن حتـى لا نحـب أن نتخلـى عـن مكاننـا فـي الطابـور فـي متجـر التسـوُّق لأجـل المـرأة المُسـنَّة الواقفـة وراءنـا ولديهـا فقـط ثلاثـة أشـياء في سلَّة مشترياتها، ناهيك عن القيام بتضحية مكلِّفة حقًّا.

فكِّـر فـي هـذا مليًّـا. منـذ الأزل كان الآب والابـن والـروح القـدس معًـا فـي محبـة كاملـة. فكِّـر فـي الخسـارة التـي لابـد وأنهـم شـعروا بهـا عندمـا أرسـل اللهُ ابنـه الوحيـد إلـى العالـم لأجلنـا. أعـرف أن بطاقـات عيـد الميـلاد تبـدو جميلـة جـدًّا وأن بطاقـات عيـد القيامـة هـي نسـخة مُصنَّفـة بأنهـا تُسـتخدم تحـت إشـراف الأبويـن لمـا حـدث بالفعـل، ولكـن الحـق الـذي نـراه فـي الكتـاب المُقدَّس مختلـف تمامًـا. لقـد جـاء يسـوع ليخلِّـص شـعبًا:

لم يكن يريده بشكل خاص،

ولم يكن شاكرًا بهذا المقدار،

احتقره،

أذلَّهُ،

وأخيرًا وبعد ضرب وحشي له، صلبه.

ومع ذلك أرسله اللهُ وأطاع يسوع. هذه محبة، هذه **محبة عظيمة مضحية!** ما نرى يسوع يفعله على الصليب هو أنه يموت عن خطايا أعدائه. نقرأ في رومية ٥: ٨: «**وَلكِنَّ اللهَ بَيَّنَ مَحَبَّتَهُ لَنَا، لأَنَّهُ وَنَحْنُ بَعْدُ خُطَاةٌ مَاتَ الْمَسِيحُ لأَجْلِنَا**». هذه لطمة على وجه من يصارعون منا ليحبوا من يهتمون بهم في الحقيقة، ناهيك عن ذكر أعدائنا. الآن أسمعك تقول: هذه خطوة بعيدة جدًّا – أنتِ تطلبين مني الكثير جدًّا حتى أحب هكذا. ولكن هكذا أحبنا الله. لقد قدَّم يسوع أعظم ذبيحة بدفعه الثمن الذي كنا ندين به جزاء خطايانا. لقد سكَّن غضب اللهُ وحوَّله بعيدًا عنا. لماذا؟ لماذا قد يفعل أي شخص، بغض النظر عن اللهُ، هذا لأجلنا؟ لأنه يحبنا. ترينا محبته حقًّا ما هو الحب. إنها محبة مضحية ومكلِّفة.

تَوَقَّف

ماذا تظن بشأن الثمن الذي دفعه اللهُ لأجلك؟ هل تظن أنها كانت تكلفة عالية جدًّا؟

ينبغي أن يكون لهذا تأثير على حياتنا. لقد بدأنا هذا الفصل مفكِّرين في محبة اللهُ بحيث يمكننا أن نفهمها أكثر ونحب بشكل أفضل. نقرأ في ١يوحنا ٤: ١١: «**أَيُّهَا الأَحِبَّاءُ، إِنْ كَانَ اللهُ قَدْ أَحَبَّنَا هكَذَا، يَنْبَغِي لَنَا أَيْضًا أَنْ يُحِبَّ بَعْضُنَا بَعْضًا**». عندما نفهم محبة اللهُ،

نحتاج أن نتوقَّف لبرهة ونفكِّر كيف نظهر هذا النوع من المحبة للآخرين. المحبة ليست مجرد كلمة لطيفة، إنها شيء حقيقي وفعَّال. ربما يتوجَّب علينا حتى أن نحب الأشخاص الذين نجدهم مزعجين تمامًا ويصعب التعامل معهم (بما في ذلك الغبي الذي يضغط على أعصابك – وأنت تعرف عمن أتكلم!).

تَوَقَّف

كيف يُفترض بك أن تحب من يثيروا جنونك؟

إن كنا أمناء، عندما يتعلق الأمر بمن يقودوننا إلى الجنون، فإنه عادة ما يكون عيب الشخصية الذي يزعجنا شيئًا جليًّا جدًّا في حياتنا نحن. ربما في ضيقتنا نحن ندينهم في ذهننا لكونهم متغطرسين، ولكن، إذا نظرنا في قلوبنا، فسنجد أننا نحن أنفسنا متغطرسين. المشكلة عادة هي نحن. لقد قام وحش الذات القوي وقد انطلق للعمل مرة أخرى. نحتاج أن نتعامل مع توجُّهاتنا الخاطئة أولًا.

نحتاج أن ندرك أن الحب غالبًا ما يكون اختيار.

أعرف أن هذا يبدو غريبًا، ولكننا نحتاج أن نختار أن نحب الآخرين في ضوء ما فعله المسيح لأجلنا. لقد كانت محبته مكلِّفة ونحن أيضًا نحتاج أن نحب على حساب أنفسنا. نحتاج ألَّا نخدم ذواتنا، كما كان فرانك في المَثَل التوضيحي السابق، بل أن نعطي أنفسنا. لو كان فرانك حقًّا مضحيًا لكان قد ساعد زوجته في أعمال النظافة والترتيب كل يوم وليس فقط عندما يريد شيئًا معيَّنًا. فكِّر فقط في التأثير الذي كان يمكن أن يحدثه هذا في حياة زوجته، وزواجه وعائلته.

أعتقد أنه لو كنا أمناء فهذا هو الجزء الأصعب لأنه يتطلَّب مجهودًا. ربما يتوجَّب علينا القيام بشيء لا نحبه، بل وربما يكون علينا أن نُقلِع عن شيء مثل قهوتنا المفضَّلة أو شراء أطعمة سريعة ليلة الأحد بحيث لتمكننا من أن ندعم التلمذة في الكنيسة.

تَوَقَّف

ما هو السيناريو الأسوأ لديك – ما هو الشيء الذي لن تفعله تحت أي ظرف؟

نحتاج أن نغلب أنفسنا وقلوبنا الأنانية، التي تخدم نفسها والتي تحب الراحة، وننظر إلى ما فعله يسوع لأجلنا على الصليب. عندما نتعلم أن نحب مثل يسوع، يخبرنا ١يوحنا ٤ بأن محبة اللهُ ستظهر في العالم من خلالنا. سيرى الناس بها شيئًا مختلفًا، وستخبرهم بشيء ما. هذا جزء من الطريقة التي نشهد بها عن أن اللهُ حقيقي في حياتنا؛ إذ نشارك بشيء عن شخصية اللهُ من خلال الطريقة التي نحب بها الآخرين.

في هذا الكتاب نحن نفكِّر في الطريقة التي يظهر بها اللهُ بجلاء في حياتنا. يقول يسوع إن العالم سوف يعرف أننا تلاميذه بالطريقة التي يحب بها أحدنا الآخر. هل سيرون محبة حقيقية إذا نظروا إلى حياتنا؟ ما الذي نحتاج أن نغيِّره لكي نجعل هذه المحبة جلية أكثر للناس من حولنا؟

النقطة الأساسية

المحبة هي ... أن نبذل أنفسنا بتضحية لأجل فائدة الآخرين تمامًا كما فعل المسيح لأجلنا.

آيات للحفظ

«فِي هذَا هِيَ الْمَحَبَّةُ: لَيْسَ أَنَّنَا نَحْنُ أَحْبَبْنَا اللهَ، بَلْ أَنَّهُ هُوَ أَحَبَّنَا، وَأَرْسَلَ ابْنَهُ كَفَّارَةً لِخَطَايَانَا. أَيُّهَا الأَحِبَّاءُ، إِنْ كَانَ اللهُ قَدْ أَحَبَّنَا هكَذَا، يَنْبَغِي لَنَا أَيْضًا أَنْ يُحِبَّ بَعْضُنَا بَعْضًا». (١يوحنا ٤: ١٠-١١)

مُلخَّص

نحن لدينا فكرة خاطئة عن الحب. معظم الوقت نظن أن الأمر يتعلق بمشاعرنا أو حتى بالرومانسية. ولكن المحبة الحقيقية ليست بالضبط كما نظن. مثَّل يسوع نموذج المحبة الحقيقية بالنسبة لنا عندما مات لأجلنا كذبيحة على الصليب. نحتاج أن ننظر إلى يسوع بصفته النموذج الذي نحتذي به، ومثله، أن نحب الناس بشكلٍ مُضَحٍ بدلًا من مجرد القلق بشأن ذواتنا.

ما المقصود؟

ينبغي أن ينمو المسيحيُّون في الفرح.

٢- نحن عبارة عن حِزَم صغيرة من الفرح، أليس كذلك؟

«الفرح هو العمل الجاد للسماء». – سي. إس. لويس

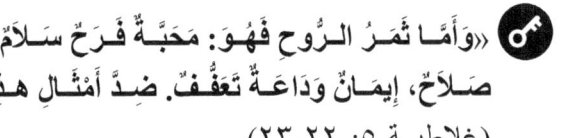

«وَأَمَّا ثَمَرُ الرُّوحِ فَهُوَ: مَحَبَّةٌ فَرَحٌ سَلاَمٌ، طُولُ أَنَاةٍ لُطْفٌ صَلاَحٌ، إِيمَانٌ وَدَاعَةٌ تَعَفُّفٌ. ضِدَّ أَمْثَالِ هذِهِ لَيْسَ نَامُوسٌ». (غلاطية ٥: ٢٢-٢٣)

الأسبوع الماضي كنت أتابع برنامجًا إذاعيًّا عن مشاكل الصحة العقلية لدى الشباب. وقد اقترح أن ربع مشاكل الصحة العقلية تبدأ من الطفولة. عليَّ أن أعترف أن هذا أفزعني قليلًا، لذا فعلت ما يفعله الجميع عندما لا يصدِّقون شيئًا ما: بحثت على جوجل. وبعد بحث سريع وجدت مقالة قالت إن أطفال الآباء الذين يعانون من الاكتئاب هم في خطر بنسبة ٥٠٪ من الإصابة بالاكتئاب قبل سن العشرين. ولم تتحسَّن التقارير بينما بحثت أكثر.

ولكني أدركت عندئذ أنني لم أكن متفاجئةً حقًّا. فأنا أرى حقيقة هذا كل يوم وهو أمر محزن. الحياة صعبة. الناس يعانون من الاكتئاب، والجزع واليأس والضغط. أحلامهم تتحطَّم وهم يصارعون

بشكل خطير. بالنسبة للبعض تبدو هذه المشاعر طاغية جدًّا لدرجة أنها تلتهمهم ويشعرون أنه لا مهرب لهم منها. وآخرون يستمرون في الصراع ويحاولون أن يتعاملوا مع هذه المشاعر. ولكن كيف يفعلون هذا، وما الذي يريدونه حقًّا؟

إن سألت معظم الناس ماذا يريدون، في أعماقهم، سيكون ردهم «أن نكون سعداء». في الواقع، إن سُئِل معظم من لديهم أطفال فيما بيننا نفس السؤال، سوف نقول، بلا تردُّد، نفس الشيء: «نريد أن يكون أولادنا سعداء». علينا فقط أن نتصفَّح المجلَّات ونشاهد التلفاز لخمس دقائق لنرى كيف تستغل الإعلانات هذه الرغبة – فكل ما يبيعونه سوف يجعلك سعيدًا، وهي الاستجابة التي تبحث عنها لطلبك. إنهم يخبروننا أنه في العطلة القادمة، وفي أريكة جديدة لعيد الميلاد، وخسارة ٢٠ كجم من الوزن، مع أحدث المدربين، وأسنان أكثر بياضًا، وعلاج عدسة العين بالليزر، وشاشة تلفاز أكبر، وحبوب الشوفان الجديدة للفطور ستجعلك تجري في الطريق تغني، أو هذا الجهاز الحديث الذي لا بد من شرائه هو فقط ما نحتاجه لنشعر بالرضا ولجعلنا سعداء.

جاكي

أمضت جاكي وقتًا طويلًا للغاية قَلِقة بشأن أسلوب تفكير الجميع بها وبأطفالها. بدا الحال كما لو أنه لا يمكنها كسب ما يكفي من المال، ولكنها كانت دائمًا تنجح في تأمين ما يريده الأطفال وأن يكون لديهم أفضل الملابس والأدوات. في كل مرة تشتري شيئًا جديدًا كان فرانك يشعر بالسعادة

لأنها عبقرية في اصطياد الصفقات الرابحة - بدت دائمًا في المكان الصحيح في كل مرة. «أُحب أن يكون أولادي سعداء - ينبغي أن يكون لديهم ما يريدون».

كلنا نعرف أن هذه الأشياء المؤقتة تجعلنا سعداء للحظة، ولكننا نعرف كذلك أنها سعادة عابرة ولن تدوم. للأسف، تمتلئ حياة الكثيرين بتعاسة عميقة ولا شيء يماثل السعادة الحقيقية. هناك فراغ ولا يوجد فرح على الإطلاق. يستطيع العالم وكل هذه الأشياء أن تقدِّم راحة وقتية، ولكنها لا تصل إلى عمق الأمر. فقط عندما نبدأ في التفكير فيما لدى الكتاب المُقدَّس ليقوله عن حقيقة الفرح عندئذ نبدأ نفهم. يرينا الكتاب المُقدَّس أنه في مطاردتنا لحلول السعادة الوقتية، نحن نطارد الريح ونسعى وراء الأشياء الخاطئة.

«ثُمَّ الْتَفَتُّ أَنَا إِلَى كُلِّ أَعْمَالِي الَّتِي عَمِلَتْهَا يَدَايَ، وَإِلَى التَّعَبِ الَّذِي تَعِبْتُهُ فِي عَمَلِهِ، فَإِذَا الْكُلُّ بَاطِلٌ وَقَبْضُ الرِّيحِ، وَلاَ مَنْفَعَةَ تَحْتَ الشَّمْسِ». (جامعة ٢: ١١)

كما سبق وتعلَّمنا، ينبغي أن يغيِّر وجود اللهُ في حياتنا من نحن وما يراه الناس. الدليل هو الثمر الموجود في حياتنا. تخبرنا غلاطية ٥: ٢٢-٢٣ أنه ينبغي أن يكون لدينا فرح.

يوضِّح الكتاب المُقدَّس أنه، كمسيحيِّين، ينبغي أن يُرى الفرح في حياتنا - ينبغي أن يكون شيئًا طبيعيًّا بالنسبة لنا.

يُفترض أن يكون الفرح واقع إيماننا بالمسيح. ولكن كيف يمكن أن ينجح هذا في الوقت الذي يلطمنا فيه كل شيء من حولنا؟ أعرف أنه من الصعب أن نفهم هذا، ولكن حتى عندما تسيء الحياة

مُعاملتنا ينبغي أن نكون قادرين على أن نشعر بالفرح. ربما يبدو هذا كلام معوج، ولكن ربما كما هو الحال مع «المحبة»، لا نفهم حقًّا ما يقصده الكتاب المُقدَّس عندما يتحدث عن الفرح.

تَوَقَّف

هل تظن أن الفرح مختلف عن السعادة؟

إننا نخلط السعادة بالفرح طوال الوقت لأنهما يبدوان متشابهَيْن. ولكن، كما قلت، السعادة تُبنى على ظروفنا الوقتية - مثلما يحدث عندما يحرز فريقنا هدفًا، أو نحصل على علاوة في العمل، أو نجد بعض المال في الشارع، أو يُطلب منا الخروج في موعد غرامي، أو تصلنا أخبار أن أحد أصدقائنا قد أنجب طفلًا، أو عندما يصيبنا الجموح قليلًا ونصبغ شعرنا باللون الوردي ويبدو أنيقًا. تُبنى سعادتنا على الأشياء المحيطة بنا. يمكن للحال أن يتغيَّر تمامًا مع الهدف التالي الذي يسجِّله الفريق المنافس، خطاب فصل من العمل، فسخ للعلاقة، قصة شعر سيئة ... فجأة نشعر بالتوتر وتبدو السعادة شيئًا من الماضي.

ولكن الفرح ليس كذلك.

إنه أمر مختلف.

الفرح، الفرح الكتابي الحقيقي، ليس أمرًا زائلًا؛ إنه لا يتزحزح ولا يتغيَّر مهما ألقت علينا الحياة من بلايا. الفرح أمر يدوم.

جاكي

لا أفهم كيف يمكن هذا. ما هو الفرح إذن؟

الفرح هو السرور بالله مهما حدث.

الفرح الكتابي ثابت ويدوم لأنه ليس مبنيًّا على ما يجري من حولنا أو بما نشعر اليوم، بل هو موجود في اللهُ وهو لا يتغيَّر أبدًا. عندما نُعرِّف الفرح الكتابي علينا أن ننظر إلى ما وراء الأشياء المؤقتة ونصل إلى لب الموضوع - إلى قلوبنا. قلوبنا، وأرواحنا، وكياننا ذاته قد تغيَّر بفعل الإنجيل. كما قلنا من قبل، ينبغي أن يكون ثمر الفرح في حياتنا دليلًا على تغيُّرنا في المسيح ودليلًا على خلاصنا.

«الَّذِي وَإِنْ لَمْ تَرَوْهُ تُحِبُّونَهُ. ذلِكَ وَإِنْ كُنْتُمْ لاَ تَرَوْنَهُ الآنَ لكِنْ تُؤْمِنُونَ بِهِ، فَتَبْتَهِجُونَ بِفَرَحٍ لاَ يُنْطَقُ بِهِ وَمَجِيدٍ».
(١بطرس ١: ٨)

يصفه بطرس بأنه فرح «**لاَ يُنْطَقُ بِهِ وَمَجِيدٍ**». إن كنت صادقة، عندما ننظر إلى بعض المسيحيِّين اليوم، لا يبدو أنهم ممتلئون بفرح لا يُنطق به ومجيد، بل يبدون مكتئبين، كما لو كانوا قد خسروا لتوهم مليونًا من الجنيهات أو صُفعوا على وجوههم بسمكة خارجة من الماء. أحيانًا أظن أن هناك أشخاص يبدو أنهم يحصلون على الفرح من كونهم كثيري الشكوى وذوي وجوه كئيبة ونائحة. لما قد يجذب هذا أي شخص إلى المسيح؟

إن كان الفـرح المسـيحي غائبًـا مـن حيـاة الشـخص المسـيحي، فهـذا سيكون بمثابـة صفَّـارة إنـذار روحيـة تنطلـق محـذِّرة: «هنـاك خطـأٌ مـا». اسـمعوني جيـدًا، أنـا لا أقـول إنـه ينبغـي أن نمثِّـل – فنلصـق ابتسـامة عريضـة علـى وجوهنـا ونخبـر الجميـع «أنـا بخيـر» فـي حيـن أن عالمنـا ينهـار مـن حولنـا. هـذا أيضًـا لا يفيـد. مهمـا كانـت الظـروف فـي حيـاة الإنسـان المسـيحي ينبغـي أن يكـون هنـاك فـرح بإنجيـل المسـيح.

إن غاب الفرح، فهناك سبب.

عندئـذ سأسـأل «كيـف حـال وقـت خلوتـك؟» «هـل تتجاهـل اللهَ؟» «هـل تقـرأ وتفكِّـر فـي كلمتـه؟» «هـل تصلـي؟» «أو هـل هنـاك عصيـان أو خطيـة لا تتـوب عنهـا؟» «مـاذا يطلـب منـك اللهُ أن تفعلـه، أو يبكِّتـك عليـه، وأنـت تتجاهلـه؟»

تَوَقَّف

هـل تشـعر بأنـك تريـد الاستسـلام؟ أليسـت هـذه «صفَّـارة إنـذار عـدم وجـود الفـرح» تـدوي فـي أذنيـك؟ سـل نفسـك: لمـاذا؟ لمـاذا فرحـي مفقـود؟

صدِّقنـي، لا يهـم مـا يجـري وكـم تلعـب بنـا الحيـاة، هنـاك شـيء واحـد لا يـزال كمـا هـو، بـلا تغييـر – الإنجيـل. إن كنـا أتبـاع حقيقيـين للمسـيح إذن فقـد غُفـرت خطايانـا وخلاصنـا ثابـت وأكيـد وينبغـي أن يضـع هـذا الفـرح فـي قلوبنـا.

٥ توضيح

كان هنـاك رجـل يُدعـى هوراشيو سبافورد. وقـد عـاش منـذ سنوات عديـدة. إن كنـا نكتـب سيناريو فيلـم كارثـي يمكننـا أن نسـتخدم حياتـه كقصـة لهـذا الفيلـم. حـدث الكثيـر جـدًّا لـه؛ مـات ابنـه فـي عمـر الثانيـة، وخسـر كل مالـه وأفلـس بسـبب حريـق شـيكاغو الكبيـر. بعـد الحريـق علـى الفـور قـرَّر أن يـزور هـو وعائلتـه أصدقـاء لهـم فـي إنجلتـرا. فحجـز لهـم جميعًـا فـي رحلـة علـى السـفينة التـي تُدعـى فيـل دو هافـر. ولكـن، فـي الدقيقـة الأخيـرة، أخَّـره العمـل فأرسـل عائلتـه بمفردهـم. أثنـاء الرحلـة حـدث صـدام مدمِّـر بيـن قاربيـن وغـرق الاثنيـن سـريعًا. كانـت مذبحـة. وكانـت زوجتـه الوحيـدة التـي نجـت.

يبـدو كل هـذا مثـل مـا نـراه فـي سـفر أيـوب فـي العهـد القديـم. مَـن يمكنـه حتـى أن يتخيَّـل مـا شـعر بـه هوراشـيو؟ كيـف يمكننـا أن نتأقلـم مـع شـيء كهـذا؟ ولكـن إذ أبحـر ليلتقـي بزوجتـه، عابـرًا المحيـط الـذي أخـذ منـه أولاده، كتـب ترنيمـة «حسـن عنـدي». لقـد وجـد فرحـه في إنجيل المسيح وسُرَّ بالله، مهما حدث.

جاكي

أشـعر بالذعـر وأظـن أن العالـم قـد وصـل لنهايتـه إذا نفـد الحليب مـن عندنـا ولا يمكننـي الحصـول علـى كوب مـن الشـاي، ناهيك عـن مواجهـة شـيء مثلمـا يفعـل هـذا الرجـل. سـوف تكـون كارثـة مفجعـة لـي إذا حـدث شـيء لأولادي. أتذكـر عندمـا وقـع فرانكـي الصغيـر مـن علـى السـلم وكُسـرت رجلـه كنـت

عديمة فائدة تمامًا؛ اضطر فرانك أن يأخذه إلى المستشفى بدوني. أنا لا أفهم كيف استطاع هذا الرجل أن يجد الفرح في الوقت الذي ماتت فيه عائلته. هناك شيء خطأ – هذا مستحيل!

«فَإِذْ قَدْ تَبَرَّرْنَا بِالإِيمَانِ لَنَا سَلاَمٌ مَعَ اللهِ بِرَبِّنَا يَسُوعَ الْمَسِيحِ، الَّذِي بِهِ أَيْضًا قَدْ صَارَ لَنَا الدُّخُولُ بِالإِيمَانِ، إِلَى هذِهِ النِّعْمَةِ الَّتِي نَحْنُ فِيهَا مُقِيمُونَ، وَنَفْتَخِرُ عَلَى رَجَاءِ مَجْدِ اللهِ. وَلَيْسَ ذلِكَ فَقَطْ، بَلْ نَفْتَخِرُ أَيْضًا فِي الضِّيقَاتِ، عَالِمِينَ أَنَّ الضِّيقَ يُنْشِئُ صَبْرًا، وَالصَّبْرُ تَزْكِيَةً، وَالتَّزْكِيَةُ رَجَاءً، وَالرَّجَاءُ لاَ يُخْزِي، لأَنَّ مَحَبَّةَ اللهِ قَدِ انْسَكَبَتْ فِي قُلُوبِنَا بِالرُّوحِ الْقُدُسِ الْمُعْطَى لَنَا». (رومية ٥: ١-٥)

في الرسالة إلى أهل رومية، نرى ردة فعل بولس في وجه كل ما تقدر الحياة أن تحشده وتقذفه به. لقد ضُرب وطُرح في السجن، وتحطمت به السفينة، مرت عليه أيام لم يكن لديه فيها ما يكفي للأكل، كان مرفوضًا من شعبه، وقد صارع لفترة طويلة مع المرض. بصفة أساسية، في ميزان صعوبات الحياة، سيأخذ بولس مرتبة أعلى من معظمنا! ومع ذلك عندما كتب رومية ٥، نرى بولس فَرِحًا، ولديه فرح بالله مهمًا كان ما يحدث له. كان بولس شاكرًا على الدوام لأجل الإنجيل. لقد عرف أنه ما من أحد يقدر أن يأخذ منه خلاصه، وأنه كان مغفور الخطايا بنسبة ١٠٠٪، وهذا ما غذَّى فرحه. لقد عرف أن الله مسيطر وهذا كان كافيًا بالنسبة له – لقد اتَّكل عليه تمامًا. لقد كان رجاؤه في يسوع.

تَوَقَّف

هل يمكننا أن نقول نفس الشيء؟ في رأيك ما الذي يعنيه هذا بالنسبة لنا بينما نعيش من يوم لآخر؟

أن يصبح المرء مسيحيًّا فهذا لا يشبه هذه النسخة من الدين التي نجد فيها جِنِّيًّا سحريًّا في خدمتنا. لا يمكننا قول شيء ما ثلاث مرات، ونفرك أيدينا ونجعل كل شيء يسير على ما يُرام. لكن، ما يمكننا أن نفعله عندما تأتي الأيام القاتمة هو أن نتذكَّر الوعود التي لنا في المسيح وأن نعظ بالإنجيل لأنفسنا. يمكننا أن نُذكِّر أنفسنا بأن وعود الله صادقة وأن نتَّكل عليه ونثق به.

نتعلق به ولا نفقد الرجاء!

أيًّا كان ما يحدث، ومهما ابتلتنا الحياة.

مهما كانت الظروف طاغية، ومهما كانت ساحقة للقلب، لا زال بإمكانك أن تجد الراحة في المسيح. ربما حتى يبدو ثِقَلها طاحنًا، ولكن لا زال بإمكانك أن تجد الفرح الحقيقي فيه. هو سوف يُثبِّتك. نستطيع أن نثق به.

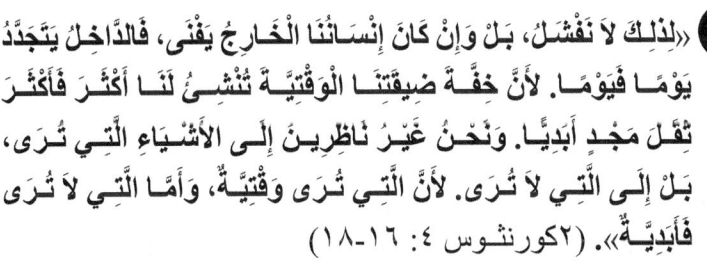

«لِذلِكَ لاَ نَفْشَلُ، بَلْ وَإِنْ كَانَ إِنْسَانُنَا الْخَارِجُ يَفْنَى، فَالدَّاخِلُ يَتَجَدَّدُ يَوْمًا فَيَوْمًا. لأَنَّ خِفَّةَ ضِيقَتِنَا الْوَقْتِيَّةَ تُنْشِئُ لَنَا أَكْثَرَ فَأَكْثَرَ ثِقَلَ مَجْدٍ أَبَدِيًّا. وَنَحْنُ غَيْرُ نَاظِرِينَ إِلَى الأَشْيَاءِ الَّتِي تُرَى، بَلْ إِلَى الَّتِي لاَ تُرَى. لأَنَّ الَّتِي تُرَى وَقْتِيَّةٌ، وَأَمَّا الَّتِي لاَ تُرَى فَأَبَدِيَّةٌ». (٢كورنثوس ٤: ١٦-١٨)

ينبغي ألَّا ننسى ما هو آتٍ: الأبدية مع اللهُ الذي خلصنا. ربما نكون قد وضعنا رجاءنا في أشياء وقتية تجعلنا سعداء لخمس دقائق، ولكننا نعرف في أعماقنا أنها أشياء زائلة. تُذكِّرنا ٢ كورنثوس أن الأشياء الوقتية لا تُقارن البتَّة بالمجد العتيد في الأبدية. ربما نكون مكسورين، ومسحوقين، ومضروبين من الحياة، ولكن هذه الحياة هي الشيء المؤقَّت الزائل.

تَوَقَّف

لماذا تصارع لتجد الفرح في حياتك؟ كيف يمكنك أن تتعلق بالمسيح أكثر؟

مهما كان الأمر، نستطيع أن نجد فرحنا في إنجيل المسيح ونُسَر به. عندما نفعل ذلك، يمكننا أن نُغنِّي أيضًا، وأن نعني ما نقوله: «حسن عندي».

النقطة الأساسية

إننا نجد فرحنا عندما نُسَر بالله، مهما كان الأمر. تذكَّر الرجاء الذي لنا في المسيح وتعلق به. لا تفقد رجاءك.

آيات للحفظ

«مُبَارَكٌ اللهُ أَبُو رَبِّنَا يَسُوعَ الْمَسِيحِ، الَّذِي حَسَبَ رَحْمَتِهِ الْكَثِيرَةِ وَلَدَنَا ثَانِيَةً لِرَجَاءٍ حَيٍّ، بِقِيَامَةِ يَسُوعَ الْمَسِيحِ مِنَ الأَمْوَاتِ، لِمِيرَاثٍ لاَ يَفْنَى وَلاَ يَتَدَنَّسُ وَلاَ يَضْمَحِلُّ، مَحْفُوظٌ فِي السَّمَاوَاتِ لأَجْلِكُمْ».

(١بطرس ١: ٣-٤)

أو

«وَأَنَا يُوحَنَّا رَأَيْتُ الْمَدِينَةَ الْمُقَدَّسَةَ أُورُشَلِيمَ الْجَدِيدَةَ نَازِلَةً مِنَ السَّمَاءِ مِنْ عِنْدِ اللهِ مُهَيَّأَةً كَعَرُوسٍ مُزَيَّنَةٍ لِرَجُلِهَا. وَسَمِعْتُ صَوْتًا عَظِيمًا مِنَ السَّمَاءِ قَائِلاً: هُوَذَا مَسْكَنُ اللهِ مَعَ النَّاسِ، وَهُوَ سَيَسْكُنُ مَعَهُمْ، وَهُمْ يَكُونُونَ لَهُ شَعْبًا، وَاللهُ نَفْسُهُ يَكُونُ مَعَهُمْ إِلهًا لَهُمْ. وَسَيَمْسَحُ اللهُ كُلَّ دَمْعَةٍ مِنْ عُيُونِهِمْ، وَالْمَوْتُ لاَ يَكُونُ فِي مَا بَعْدُ، وَلاَ يَكُونُ حُزْنٌ وَلاَ صُرَاخٌ وَلاَ وَجَعٌ فِي مَا بَعْدُ، لأَنَّ الأُمُورَ الأُولَى قَدْ مَضَتْ». (رؤيا ٢١: ٢-٤)

مُلخَّص

كثيرًا جدًّا ما نخلط بين السعادة والفرح لأنهما متشابهان جدًّا. تُبنَى السعادة على الأشياء المؤقتة، مثل ظروف الحياة. لذا عندما تحدث أشياء جيدة نكون سعداء، ولكن عندما تقع الكوارث ننسحق تحتها. وعلى عكس السعادة، الفرح شيء لا يتغيَّر اعتمادًا على الظروف. الفرح الكتابي يدوم عندما نُسَر الله بغض النظر عما يدور من حولنا.

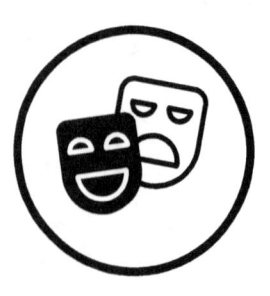

ما المقصود؟

ينبغي أن ينمو المسيحيُّون في السلام.

٣- أعطِ فرصة للسلام

«وَأَمَّـا ثَمَـرُ الـرُّوحِ فَهُـوَ: مَحَبَّـةٌ فَـرَحٌ سَـلاَمٌ، طُـولُ أَنَـاةٍ لُطْـفٌ صَـلاَحٌ، إِيمَـانٌ وَدَاعَـةٌ تَعَفُّـفٌ. ضِـدَّ أَمْثَـالِ هـذِهِ لَيْـسَ نَامُـوسٌ». (غلاطيـة ٥: ٢٢-٢٣)

جاكي

إذ كنـت عائـدًا إلـى المنـزل عبـر المتنـزه الأسـبوع الماضـي لاحظـت أن جاكـي تجـر واحـدًا مـن أولادهـا ورائهـا. كانـت متوتـرة بشـكل كبيـر. تمكنـت مـن أن أُخمِّـن، حتـى مـن عـن بُعد، أن كل جسمها كان يرتجـف غضبًـا. نـادت جـاي صديقتهـا التـي تسـير فـي الطريـق، ثـم أصبحـت الصـورة واضحـة: لقد تاهـت منهـا ابنتهـا الصغيـرة، بيلـي جـان. شـعرت بالأسـف جـدًّا لأجلهـا. أي شـخص عنـده أطفـال يعـرف هـذا الشـعور؛ الخـوف، والفـزع، والجـزع، كلهـا تطغـى عليـك بينمـا تفتِّـش كل شـبر فـي المنطقـة آمـلًا أن تجـد مظهـر ابنـك المألـوف. ثـم رنَّ هاتفهـا، وبـلا أدنـى تـردُّد، صرخـت فـي الهاتـف. لقـد كانـت بيلـي جـان. كانـت جاكـي غاضبـة منهـا. تحولَّـت مـن الفـزع الشـديد إلـى السخط الشـديد فـي أقـل مـن ثانيـة - كانـت تصـرخ وتجـر وي فرانكـي خلفهـا فـي الاتجـاه الآخـر. أكـره أن أكـون مـكان بيلـي جـان عندمـا تصـل إلـى البيـت.

كثيرون جدًّا منا يشعلهم الغضب. يحق لنا أن نتضايق من شخص ما أو شيء ما. الأطفال يثيرون جنوننا - العامل في الشئون الاجتماعية الذي أوقف فوائدنا، الأصدقاء على الفيسبوك الذين يضايقوننا، ذلك الرجل الذي يقطع علينا الطريق بالسيارة. والقائمة لا تنتهي. أحيانًا يبدو أن معظم الناس يسيرون ومعهم حسَّاس غضب منخفض المستوى حول وسطهم، حتى إنه لا يستغرق الأمر كثيرًا حتى يطلقوا العنان لغضبهم عند أقل مضايقة. وبشكل مفاجئ وخطير، تراهم مُثقلين ومستنزفين من تيار العواطف الجارفة بداخلهم.

بالنسبة لكثيرين جدًّا منَّا يبدو السلام مثل الخيال، شيء لن نحقِّقه أبدًا في حياتنا. إن بحثنا على جوجل عن كلمة «سلام» وفتَّشنا المجلات ونظرنا في الكتب على أمازون أو حتى فتحنا إعلانات التلفاز التي تتكلم عن الموضوع، سنجدها كلها مليئة بالنصائح والكتب التي تدور حول «كيف تفعل...» للعثور على السلام الداخلي. يبدو كما لو أن الجميع في حالة بحث عن السلام. ولكن هل كلهم يبحثون عن نفس الشيء؟ بعض الناس يظنون أن السلام هو مجرد ألَّا يكون هناك شجار لمدة خمس دقائق أو عدم التكلُّم بوقاحة عند مكتب الاستقبال في عيادة الطبيب. يظن آخرون أن السلام هو عدم وجود صعوبات في الحياة، عدم وجود هموم أو ما يثير القلق، أو عدم وجود حرب في العالم. إذن، ما هو السلام؟

تَوَقَّف

إن سألتك، ما سيكون تعريفك للسلام؟

أحب ذلك المشهد في فيلم «ملكة الجمال Miss Congeniality» عندما تُسأل كل المتسابقات في مسابقة ملكة الجمال «ما هو أهم شيء يحتاجه المجتمع؟» واحدة تلو واحدة، مرارًا وتكرارًا، تبتسم جميعهن ابتسامة لطيفة وتقول نفس الشيء: «السلام العالمي!» ويتبع الإجابة عاصفة من التصفيق والقليل من الصياح من المشاهدين. ثم تخطو جريسي هارت، التي قامت بتجسيدها ساندرا بولوك، لتتكلم في الميكروفون. لقد حان دورها لتجيب على السؤال. فتسمع السؤال، «ما هو أهم شيء يحتاجه المجتمع؟» وبكل اتزان ورشاقة ترد: «أن تكون هناك عقوبة أشد لمن ينتهكون إطلاق السراح المشروط، يا ستان...» يسود صمت مصحوب بذهول ويستطيع الكل سماع صفير الصراصير في الخلفية. يبدو ستان مندهشًا ولا يعرف ماذا يفعل البتة حتى تضيف جريسي: «... والسلام العالمي!» فينفجر الجمهور في التصفيق. ربما نتخيل أن «السلام العالمي» هو الإجابة المعيارية في مسابقة ملكات الجمال، ولكن ما هو هذا السلام الذي يبدو أنهن يردنه جميعًا؟

يُعرِّف معظم الناس السلام بأنه غياب الحرب، والهدوء طوال الوقت، أو أن يعيشوا حياة خالية من أي صراعات أو فوضى أو مشاجرات.

ولكن هل هذا هو السلام فحسب؟

إن كان الأمر كذلك، إذن كيف يمكننا أن نفهم آيات كتابية تخبرنا بأنه ينبغي توقُّع المتاعب والمنازعات في حياتنا المسيحيَّة؟ مثلًا، يعقوب ١: ٢-٣ يقول: «اِحْسِبُوهُ كُلَّ فَرَحٍ يَا إِخْوَتِي حِينَمَا تَقَعُونَ

فِي تَجَارِبَ مُتَنَوِّعَةٍ، عَالِمِينَ أَنَّ امْتِحَانَ إِيمَانِكُمْ يُنْشِئُ صَبْرًا».
هذه الكلمة الصغيرة «حينما» والتي نراها في الآية ٢ تخبرنا بأننا، كمسيحيِّين، ينبغي أن نتوقَّع التجارب والصراعات في حياتنا.

إذن هل يمكن أن يكون السلام حقًّا مجرد غياب المشاجرات والصراعات؟

كيف يمكن أن يكون هذا إذا كان علينا، كمسيحيِّين، أن نتوقَّع التجارب ولكن علينا أن نتمتَّع بالسلام أيضًا في حياتنا؟ أليس هذا أمرًا مربكًا؟ لا بد وأن هناك شيء ينقصنا. فما هو إذن؟

كيف أفهم الأمر؟

كيف أحصل على السلام مع الآخرين ولأجل نفسي؟

هل يُفترض بي حقًّا أن يكون لدي سلام
على أي حال إن كنت تخبرني أنه يُفترض
بي أن أتوقَّع الصراعات والأوقات الصعبة؟

كل هذه الأسئلة يمكن أن تذيب أدمغتنا إن لم نتناولها بحرص. فيمكننا أن نشعر أنها تطغى علينا. لكن دعونا نفكر مليًّا في هذا الأمر. أتمنى أنه بانتهاء هذا الفصل يكون لدينا فهم أفضل لكلٍ من معنى السلام وشكله في حياتنا.

«فَإِذْ قَدْ تَبَرَّرْنَا بِالإِيمَانِ لَنَا سَلاَمٌ مَعَ اللهِ بِرَبِّنَا يَسُوعَ الْمَسِيحِ».
(رومية ٥: ١)

تخبرنـا الرسـالة إلـى أهـل روميـة بـأن السـلام يتخطَّـى مجـرد العيـش بـدون نـزاع، إنـه أكثـر مـن مجـرد غيـاب الصـراع أو الاضطـراب الداخلـي. إنهـا تتكلـم عـن سـلام يمكـن أن يأتـي فقـط مـن معرفتنـا بـأن كل شـيء قـد تـم تسـويته وحلـه بيننـا وبيـن اللهُ. تخبرنـا الرسـالة إلـى روميـة بـأن أعظـم احتياجاتنـا هـو أن يكـون لنـا سـلام مـع اللهُ، وأنـه يمكننـا أن نجـد هـذا السـلام فقـط مـن خـلال ابنـه يسـوع.

تَوَقَّف

لماذا ليس لدينا سلام مع اللهُ في المقام الأول؟

لقـد تمزَّقـت علاقتنـا مـع اللهُ بسـبب الخطيـة. لقـد تجاهلنـا اللهُ، تمرَّدنـا عليـه وفعلنـا مـا نريـده نحـن. فـي الواقـع، هـو لا يقـدر حتـى أن ينظـر إلينـا، نحـن مكروهـون تمامًـا لديـه. يقـول حبقـوق ١: ١٣: «**عَيْنَـاكَ أَطْهَرُ مِنْ أَنْ تَنْظُرَا الشَّرَّ، وَلاَ تَسْتَطِيعُ النَّظَرَ إِلَى الْجَوْرِ**». تُعَـد خطيتنـا إهانـة لإلـه قـدُّوس وكامـل، ونحـن بحاجـة إلـى الحمايـة، خوفًـا مـن أن نُلتهـم بالتمـام فـي محضـره. هـل تفهمـون الصـورة؟ إنهـا ليسـت صـورة جيـدة، أليـس كذلـك؟ كمـا أنهـا ليسـت صـورة تُعبِّـر عـن السـلام ولـو مـن بعيـد!

- «**أَنَّـهُ لَيْـسَ بَـارٌّ وَلاَ وَاحِـدٌ. لَيْـسَ مَـنْ يَفْهَـمُ. لَيْـسَ مَـنْ يَطْلُـبُ اللهَ. الْجَمِيـعُ زَاغُـوا وَفَسَـدُوا مَعًـا. لَيْـسَ مَـنْ يَعْمَـلُ صَلاَحًـا لَيْـسَ وَلاَ وَاحِدٌ**». (روميـة ٣: ١٠-١٢)

- تقـول روميـة ٣: ٢٠: «**لأَنَّـهُ بِأَعْمَـالِ النَّامُـوسِ كُلُّ ذِي جَسَـدٍ لاَ يَتَبَرَّرُ أَمَامَهُ. لأَنَّ بِالنَّامُوسِ مَعْرِفَةَ الْخَطِيَّةِ**».

لقد كسرنـا ناموس اللهُ وهذا لـه ثمن.

الناموس موجود ليرينا كيف يبدو الله، وفي نفس الوقت، يرينا ما صرنا عليه، لأننا لا نقدر أن نحفظه. إنه يوجِّهنا إلى المسيح وحاجتنا إليه. مثل مرآة تعكس حقيقة ما نبدو عليه، يمنحنا الناموس لمحة عمَّن نكون في الحقيقة. بصفة أساسية، نحن لسنا فوق جدول مياه صغير فحسب، نحن في وسط تسونامي، بدون مجداف. ولكن قبل أن يحدث انهيار كامل، هناك أخبار سارة. الآن أعرف أنني أخذت وقتًا زائدًا للوصول إلى هذه النقطة، ولكن أستطيع أن أَعِدك، أن الأمر يستحق الانتظار.

نحن لا نقدر أن نحفظ الناموس،

ولكن يسوع يقدر وقد فعل.

«**قَدْ كَلَّمْتُكُمْ بِهذَا لِيَكُونَ لَكُمْ فِيَّ سَلاَمٌ. فِي الْعَالَمِ سَيَكُونُ لَكُمْ ضِيقٌ، وَلكِنْ ثِقُوا: أَنَا قَدْ غَلَبْتُ الْعَالَمَ**». (يوحنا ١٦: ٣٣)

بعيدًا عن يسوع لا نقدر أن نجد سلامًا حقيقيًّا. الأمر بهذه البساطة. لا توجد طريقة يمكننا بها أن ندافع عن أنفسنا ولو من بعيد أو ندفع بها ثمن متطلِّبات خطيتنا. بدون المسيح سوف يمحونا تسونامي دينونة الله تمامًا وبعدل. ولكن، أعطانا الله مخرجًا. لقد اختار أن يخلِّصنا بيسوع المسيح.

«**فَإِنَّ الْمَسِيحَ أَيْضًا تَأَلَّمَ مَرَّةً وَاحِدَةً مِنْ أَجْلِ الْخَطَايَا، الْبَارُّ مِنْ أَجْلِ الأَثَمَةِ، لِكَيْ يُقَرِّبَنَا إِلَى اللهِ**». (١ بطرس ٣: ١٨)

٥ توضيح

إن كنت في بيت جاكي لتناول كوب شاي وأتت سيرة رفيقها السابق، فرانك، في الحوار، سريعًا سوف تخبرك لماذا تركها. سوف تخبرك عن تلقِّيها رسالة عبر البريد ذات يوم تقول إنه سيتم أخذها إلى المحكمة لأنها لم تدفع ديونها الائتمانية، والآن مع كل الفوائد وأتعاب المحكمة أصبح الدين بالآلاف. لشهور وشهور، كانت تتجاهل خطابات المطالبة، وكانت تخبئهم في درج المطبخ، على أمل ألا يجدهم فرانك، وفجأة وصلها دين به أصفار لم تعرف أنها موجودة. ظنَّت أنها ستخسر كل شيء، بل واكتشفوا أنها كانت في الواقع تقوم باحتيال. الآن أصبح الأمر أكبر من المال: كان من المحتمل أن تواجه تُهَمًا إجرامية. كان عليها في النهاية أن تعترف وتخبر فرانك، فَطَار عقله تمامًا وانفجر فيها. قالت وهي تشير إلى حائط حجرة معيشتها: «أقسم أنني ظننت لحظة أنه سوف يضربني، ولكنه ضرب الحائط صانعًا تلك الفتحة بدلًا من هذا. كل ما فعلناه كان الجدال لأسابيع. كان الأمر مُتعبًا أن أتعامل مع الخوف، والنزاع، وظللت أبكي طوال الوقت. الآن عليَّ أن أذهب إلى المحكمة وحدي. فرانك لا يعبأ بأي شخص إلا نفسه». ولكن الحقيقة انكشفت، وقد رحل فرانك لأنه لم يقدر أن يتأقلم مع كل أكاذيبها، أو ألاعيبها أو مشاجراتها. لقد كان هذا كثيرًا عليها حتى في هذا الوقت لتعترف به – كان أسهل عليها أن تغضب منه.

جاء ميعاد المحاكمة أسرع مما كانت تتوقَّع وعليك أن تذهب معها لدعمها معنويًّا. أنت تعرف أنه لا يهم كم كانت نادمة أو كم ستبدو

ذكية في أفضل ملابس يمكنك توفيرها لها، فلا شيء يحدث لصالحها. في أفضل الأحوال ستحصل على غرامة هائلة وسيتوجَّب عليها دفعها كلها. قالت: «أكره هذا المكان. يبدو كما لو أن الكل يحدِّق بي. أشعر بالغثيان أكثر فأكثر». وإذ رأت محاميها في المحكمة ارتبكت جاكي قليلًا لأنه يبدو راضٍ حقًّا عن نفسه. جعلها هذا غاضبة لأن هذا كان واحدًا من أسوأ أيام حياتها. عندما يتكلم لا يبدو أنها تفهم منه شيئًا على الإطلاق. في الواقع، ستجد أنه من الصعب أن تصدِّق الحقيقة أنت نفسك. ولكن ها هو ما قاله: دَفَع شخص مجهول الدين بالكامل هذا الصباح بما في ذلك تكاليف المحاكمة. «لا يمكن أن يكون هذا فرانك – من يمكنه أن يفعل هذا؟ كلَّا، هذا ليس صحيحًا. لا بد وأنه يلعب لعبة سقيمة برأسي. تم دفع الدين وها هم يسقطون عني التُهَم – كيف يمكن أن يكون هذا؟»

لا يوجد مَثَل توضيحي كامل، ولكن هكذا اشترى يسوع سلامنا مع اللهُ بموته. فإذ كان كاملًا وبلا خطية، دفع الثمن الذي ينبغي أن يكون علينا، إذ أصبح خطية لأجلنا. تقول رومية ٥: ١٩: «**لأَنَّهُ كَمَا بِمَعْصِيَةِ الإِنْسَانِ الْوَاحِدِ [آدم] جُعِلَ الْكَثِيرُونَ خُطَاةً، هكَذَا أَيْضًا بِإِطَاعَةِ الْوَاحِدِ [يسوع] سَيُجْعَلُ الْكَثِيرُونَ أَبْرَارًا**». بدفعه ديننا، لم يُرضِ يسوع فقط دينونة اللهُ، بل وقد جُعلنا أبرارًا. فاللهُ لا يغفر لنا فقط لأن المسيح دفع جزاء خطايانا، بل وكذلك يعاملنا كما لو كنا لم نخطئ البتَّة. ما أعنيه هو أنه يعاملنا كما لو كنا قد أَطَعنا ناموس اللهُ بالكامل. لا تنخدعوا، هو لا يتجاهل خطايانا؛ فالتكلفة ينبغي أن تُدفع، ولكن المسيح هو من دفعها. لقد دفع الثمن وحقَّق لنا سلامًا أبديًّا مع اللهُ. هكذا يصبح التسونامي هادئًا ولطيفًا مثل بركة للبط.

تَوَقَّف

ارجع لقصة جاكي. تخيَّل نفسك مكان فرانك لدقيقة – لقد كانت تخفي كل الدين والاحتيالات عنك، توقَّع باسمك وتوقع بك في الديون. كيف كان سيصبح رد فعلك؟ هل يمكنك أن تغفر لها؟ كيف كان ينبغي على جاكي أن تتعامل مع الموقف كمؤمنة جديدة؟

لقد قلت مرات عديدة في الفصول السابقة أنه عندما نصبح مسيحيِّين ينبغي أن نتغيَّر. عندما نجد السلام مع اللهُ من خلال المسيح ينبغي أن نتغيَّر. نرى هذا في حياتنا، لأن علاقتنا مع اللهُ لم تتغيَّر وتُسترد فحسب، بل وعلاقاتنا مع الآخرين تتغيَّر هي أيضًا. لم يَعُد بإمكاننا التمتُّع بالسلام مع اللهُ فقط، بل ويمكننا أن نتمتَّع بالسلام أيضًا مع الناس. نرى الدليل على هذا التغيير عندما نبدأ في ممارسة الغفران والصبر، وعندما نحارب الإغواء بأن نَئِن ونتنهَّد، عندما نتحمل فعليًّا مسؤولية خطيتنا بدلًا من إلقاء اللوم على شيء أو شخص آخر، وعندما نقاوم الدافع الذي يدفعنا لإثبات بر ذواتنا أو إدانة الآخرين، أو عندما نحارب كبرياءنا. فجأة نلاحظ الطريقة التي كنا نعيش بها، ولا نعود نرغب في أن نعيش هكذا فيما بعد. اللهُ يُشكِّلنا.

عندما نتغيَّر من الداخل إلى الخارج نظهر بشكل بارز، فيلاحظ الناس، ويتمجَّد اللهُ.

أشعر عند هذه النقطة أنه ينبغي أن أكتب «النهاية» ثم نسير مُحتفلين بأنفسنا لأنه «**إِذْ قَدْ تَبَرَّرْنَا بِالإِيمَانِ لَنَا سَلاَمٌ مَعَ اللهِ بِرَبِّنَا يَسُوعَ الْمَسِيحِ**» (رومية ٥: ١). كل شيء قد أصبح في مكانه، وانتهت القصة، أليس كذلك؟ أعني، اللهُ ثابت ولا يتغيَّر أبدًا. لا شيء يمكن

أن يغيِّـر السـلام الـذي لنـا معـه الآن، أليـس كذلـك؟ ولكـن مـاذا إن لـم ينطبـق هـذا علينـا؟ مـاذا لـو لـم يكـن هنـاك سـلام فـي حياتـي الآن؟

تَوَقَّف

هل هناك ما يسرق منك سلامك؟ ما هو هذا الشيء؟

هـل هـي خطيـة لـم تَتُـب عنهـا؟ مثـل جاكـي، هـل تكـذب علـى المحيطيـن بـك؟ هـل تعـرج بيـن فرقتيـن؟ تشـتهي شـيئًا أو شـخصًا مـا ينبغـي ألا تشـتهيه؟ «تسـتهدفه» سـرًّا بمكـر دون أن تظهـر؟ لا تتَّـكل علـى اللهُ؟ تقلـق بشـأن كل شـيء؟ مولـع بالسـيطرة؟ هـل يؤثِّـر ألـم ماضيـك علـى حاضـرك؟ هـل تعتمـد علـى الأشـياء الخطـأ وتتَّـكل عليهـا؟

«إِذًا لاَ شَـيْءَ مِـنَ الدَّيْنُونَـةِ الآنَ عَلَـى الَّذِيـنَ هُـمْ فِـي الْمَسِـيحِ يَسُـوعَ، السَّـالِكِينَ لَيْـسَ حَسَـبَ الْجَسَـدِ بَـلْ حَسَـبَ الـرُّوحِ».
(رومية ٨: ١)

المشـكلة هـي أننـا جميعًـا ننسـى الحـق بسـهولة. الأمـر كمـا لـو أننـا نتعلـم درسًـا ثـم فجـأة، بعـد ثـلاث دقائـق ننسـاه تمامًـا. نحتـاج بشـكل ثابـت أن يتـم تذكيرنـا بحقائـق الإنجيل وأن نتكلـم بهـا لحياتنـا. أيًّـا كان مـا يسـرق منـك سـلامًا، اركـض إلـى اللهُ بالصـلاة والتوبـة. كـن أمينًـا معـه وتعلـق بـه، اشـكره علـى خلاصـك والرجـاء الـذي لـك فـي المسيح. لقـد اشـترى سـلامنا بـدم يسـوع ولا أحـد سـوانا، بالعصيـان الأحمـق والخطيـة، يمكنـه أن يسـرق هـذا ويضيِّعـه منـا.

النقطة الأساسية

لقد اشترى يسوع سلامنا بدمه ووحده عصياننا الأحمق وخطيتنا هما اللذان يمكنهما تدمير سلامنا.

آيات للحفظ

«افْرَحُوا فِي الرَّبِّ كُلَّ حِينٍ، وَأَقُولُ أَيْضًا: افْرَحُوا. لِيَكُنْ حِلْمُكُمْ مَعْرُوفًا عِنْدَ جَمِيعِ النَّاسِ. اَلرَّبُّ قَرِيبٌ. لاَ تَهْتَمُّوا بِشَيْءٍ، بَلْ فِي كُلِّ شَيْءٍ بِالصَّلاَةِ وَالدُّعَاءِ مَعَ الشُّكْرِ، لِتُعْلَمْ طِلْبَاتُكُمْ لَدَى اللهِ. وَسَلاَمُ اللهِ الَّذِي يَفُوقُ كُلَّ عَقْلٍ، يَحْفَظُ قُلُوبَكُمْ وَأَفْكَارَكُمْ فِي الْمَسِيحِ يَسُوعَ».
(فيلبّي ٤: ٤-٧)

مُلخَّص

يبدو السلام وكأنه شيء نصارع كلنا للحصول عليه، ولا نحقِّقه البتة أو حتى نفهمه. السلام أكثر من مجرد العيش بدون صراع أو نزاع. نحتاج أن نختبر السلام الذي يأتي من معرفة أن كل شيء قد تم تسويته وحله مع اللهُ. بموته، يجلب لنا يسوع السلام مع الله. بعيدًا عن يسوع لن نعثر أبدًا على السلام الحقيقي.

ما المقصود؟

ينبغي أن ينمو المسيحيُّون في الصبر.

٤- لا تضع العَرَبة أمام الفَرَس: الصبر

«وَأَمَّا ثَمَرُ الرُّوحِ فَهُوَ: مَحَبَّةٌ فَرَحٌ سَلاَمٌ، طُولُ أَنَاةٍ لُطْفٌ صَلاَحٌ، إِيمَانٌ وَدَاعَةٌ تَعَفُّفٌ. ضِدَّ أَمْثَالِ هذِهِ لَيْسَ نَامُوسٌ».
(غلاطية ٥: ٢٢-٢٣)

عندما كنت طفلة كان لدينا رئيسة وزراء تُدعى مارجريت تاتشر. أي شخص في المملكة المتحدة تخطى الثامنة عشر من العمر سيعرف من كانت. كانت محبوبة من سكان الضواحي ومكروهة من الطبقة العاملة. تاتشر كانت مثل المارمايت (نوع من الأطعمة المعروفة في إنجلترا – المترجم)، إما أن تحبها أو تكرهها؛ لا يوجد حل وسط. ستكون هذه أول مرة لي، وأنا متأكدة من أنها ستكون الأخيرة، ولكني أريد أن أقتبس من المرأة الحديدية بنفسها. «إنني صبورة بشكل استثنائي، شرط أن تسير الأمور بطريقتي وأحصل على ما أريد في النهاية».

تَوَقَّف

في رأيك ما الذي كانت تقوله في الحقيقة؟

المشكلة هي أن تاتشر أصابت كبد الحقيقة. يعرِّف كثيرون منَّا الصبر على أنه فقط الانتظار حتى نحصل على ما نريد.

ولكن هذا ليس الصبر في الحقيقة، أليس كذلك؟ هذا هو تعريف العناد، أو الثبات، أو إظهار إرادة حديدية. للأسف، نحن نأخذ هذه الطريقة من التفكير إلى علاقتنا مع اللهُ. إذ نطلب شيئًا من الله ثم ننتظر فقط حتى يقوم بتوصيل البضاعة كما لو كان اللهُ مثل أمازون. في الواقع، نريده أن يقوم بتوصيل البضاعة مثل أمازون برايم (الآن أو غدًا على الأكثر)! ثم عندما لا نحصل على ما نريد، بالطريقة التي نريده بها، تصبح لدينا أزمة في إيماننا، وانهيار، ونوبة غضب! بل وربما نسأل ما إذا كان اللهُ يحبنا حقًّا. فعلى أي حال، لو كان يحبنا حقًّا لكان قد أعطانا ما نريد في المقام الأول، أليس كذلك؟! فنتذمَّر ونئن بسبب الموقف وفي النهاية نبدأ نتذمر ونئن بشأن الرب.

لا يتعلق الصبر بانتظار شيء ما فقط أو حتى الانتظار «جيدًا» للحصول على الشيء المطلوب؛ إنه أكبر من هذا بكثير. لكي نفهم عمق كلمة الصبر، نحتاج أولًا أن نفكر في الصبر الذي يظهره اللهُ لنا. نحتاج أن نفكر في الصبر كَصِفة في اللهُ. كيف يُمثِّل هو النموذج في الصبر بالنسبة لنا، وماذا يعني هذا بالنسبة لنا كمسيحيِّين.

الصبر الكتابي هو ممارسة اللهُ لكبح الذات بسبب محبته ورحمته للإنسان الخاطئ. كخطاة نستحق غضبه تمامًا، ولكنه يكبحه، لفترة من الوقت. إنه يظهر ضبط النفس. يمارس الصبر معنا بحيث يمكننا أن نتوب ويتم استردادنا إليه. هذا مختلف قليلًا عما كنا نفكر فيه، أليس كذلك؟ الأمر يتجاوز انتظارنا فقط حتى نحصل على ما نتمناه من أمازون، أليس كذلك؟

في كل أجزاء الكتاب المُقدَّس نرى أمثلة على صبر اللهُ، ولكن هنا سأذكر مثالين فقط عليه:

«فَاحْتَمَلْتَهُـمْ سِـنِينَ كَثِيـرَةً، وَأَشْـهَدْتَ عَلَيْهِـمْ بِرُوحِـكَ عَـنْ يَـدِ أَنْبِيَائِـكَ فَلَـمْ يُصْغُـوا، فَدَفَعْتَهُـمْ لِيَـدِ شُـعُوبِ الأَرَاضِـي».
(نحميا ٩: ٣٠)

«فَمَـاذَا؟ إِنْ كَانَ اللهُ، وَهُـوَ يُرِيـدُ أَنْ يُظْهِـرَ غَضَبَـهُ وَيُبَيِّـنَ قُوَّتَـهُ، احْتَمَـلَ بِأَنَـاةٍ كَثِيـرَةٍ آنِيَـةَ غَضَـبٍ مُهَيَّـأَةً لِلْهَلاَكِ. وَلِكَـيْ يُبَيِّـنَ غِنَـى مَجْـدِهِ عَلَـى آنِيَـةِ رَحْمَـةٍ قَـدْ سَبَقَ فَأَعَدَّهَـا لِلْمَجْـدِ، الَّتِـي أَيْضًـا دَعَانَـا نَحْـنُ إِيَّاهَـا، لَيْـسَ مِـنَ الْيَهُـودِ فَقَـطْ بَـلْ مِـنَ الأُمَـمِ أَيْضًـا».
(رومية ٩: ٢٢-٢٤)

صبـر اللهُ طويـل ولكنـه ليس بـلا نهايـة؛ سـوف يصـل إلـى نهايتـه فـي وقـتٍ مـا.

لقـد عيَّـن بالفعـل يومًـا يديـن فيـه العالـم. سـيُمثِّل هـذا اليـوم علامـة تُميِّـز نهايـة جهـاد اللهُ بصبـر معنـا. إذن بصفـة أساسـية، هـو صبـور الآن، ولكـن هـذا لـن يـدوم إلـى الأبـد. سـوف ينتهـي ونحتـاج أن نكـون مسـتعدِّين لمـا هـو آتٍ.

كـون اللهُ يؤخِّـر يـوم الدينونـة بحيـث يمكننـا دعـوة الجميـع لسـماع الإنجيـل فهـذه ليسـت الطريقـة التـي يبيِّـن لنـا بهـا صبـره. اللهُ يظهـر صبـره معنـا بينمـا ننمـو ونتغيَّـر.

أشـعر أننـي مثـل المذيـاع المُعطَّـل لأننـي أظـل أقـول نفـس الشـيء مـرارًا وتكـرارًا. ينبغـي أن يؤثـر وجـود المسـيح فـي حياتنـا عليهـا، وينبغـي أن نبـدأ فـي إظهـار سـماته - سـمات مثـل الصبـر. بالطبيعـة لسـت أنـا أكثـر إنسـانة صبـورة فـي العالـم، لقـد صارعـت لكتابـة هـذا لأنـه

كان من الصعب عليَّ التهرُّب من الحقيقة. **ولكن الصبر ليس أمرًا اختياريًّا بالنسبة للإنسان المسيحي.** نحب أن نظن أنه كذلك لأنه صعب، ولكنه ليس كذلك. اللهُ صبور وقد أوصانا أن نكون صبورين نحن أيضًا.

جاكي

عندما أراقب نساء الكنيسة يوم الأحد فإنهن يبدون مثل ماري بوبينز. لا يبدو أطفالهم منطلقين مثل أطفالي. من الأسهل عليهن أن يَكُنَّ صبورات مع أطفالهن عني مع أولادي. مهما فعلت، لا يفعلون ما أقول، ولكنني أحاول حقًّا. الأمر ليس سهلًا.

تَوَقَّف

كيف يكون رد فعلك عندما يزعجك أو يضايقك شخص ما؟ هل تتمالك نفسك عندما تكون غاضبًا أو محبطًا، أم أنك تترك العنان لنفسك؟

«فَالْبَسُوا كَمُخْتَارِي اللهِ الْقِدِّيسِينَ الْمَحْبُوبِينَ أَحْشَاءَ رَأْفَاتٍ، وَلُطْفًا، وَتَوَاضُعًا، وَوَدَاعَةً، وَطُولَ أَنَاةٍ، مُحْتَمِلِينَ بَعْضُكُمْ بَعْضًا...» (كولوسي ٣: ١٢-١٣)

تَوَقَّف

كيف تُظهِر نفس الصبر الذي يظهره اللهُ من نحوك؟ كيف يبدو هذا بالنسبة لك؟

في الواقع، علينا أن نطبِّق هذا على حياتنا اليومية وأن نكون صبورين مع بعضنا البعض. أن نعرف أننا نحتاج إلى الصبر وأن نظهره بشكل واقعي هما أمران مختلفان.

أعرف أننا هنا نتعثَّر.

عندما نقع تحت ضغط، ما يظهر على السطح هو حقيقتنا. أنت تعرف ماذا أقصد: «أنت على حقيقتك»؛ هذا الجانب الذي كنت تلجِّمه أو تخفيه لئلا يراه أحد؛ الذي يظهر منك في تلك اللحظات عندما تكون متعبًا ومحبطًا من الأولاد بينما يضغطون عليك تمامًا. عندئذ ينبري صبرنا وتخترق مستويات غضبنا السقف. عندما يأتي الضغط بسرعة واهتياج، أول شيء يخرج من النافذة هو صبرنا. في الواقع، لا يحتاج كثيرون منا حتى إلى هذا القدر ليثيرنا لأننا كلنا لدينا هذه الأشياء الصغيرة التي تكرهها أمزجتنا، الأشياء التي تثير غضبنا وتجعلنا على حافة الانفجار أسرع من المعتاد. بسبب هذه الأشياء لا نحتاج حتى إلى التعذر بوجود ضغط لنرى مستويات الغضب ترتفع وصبرنا يتبدَّد.

بالنسبة لي يتمثل هذا الشيء في طوابير انتظار الخروج. إنني حقًّا غير صبورة عند الدفع ويسوء الأمر أكثر عندما يكون المُساعد غبيًّا تمامًا، إذ يستغرق دهورًا ليقوم بالمهام البسيطة، ويحتاج أن يرن الجرس ليحصل على المساعدة كل ثلاث دقائق. ولكن، بغض النظر عن طول الطابور، أو عن مدى تأخُّري، وعن مدى جهل المُساعد، لا يوجد لي عذر حتى أفقد أعصابي وأصبح غير صبورة. في الواقع، لا أفقد أعصابي هذه الأيام، ولكني أعرف أنه يمكنني أن أكون صعبة

تمامًا عندما يضايقني شيء، وإذا لم أكبح جماحي يمكن أن أصبح مخيفة.

تَوَقَّف

ما الذي يجعلك تغضب ويُفقدك صوابك؟

٥ توضيح

خَرَجْت ذات يوم مع جاكي، ودخلنا إلى السوبر ماركت لشراء بعض الأشياء القليلة بسرعة، فرأيت لافتة تقول «عمل المفاتيح في دقيقتين». كنت بحاجة إلى مفاتيح، وفكرت: «ممتاز، عصفورين بحجر واحد». وقفت في الطابور وقلت للعاملة إنني أريد ثلاث نسخ من نفس المفتاح. ما تلا ذلك كان ٢٠ دقيقة تفعل فيها العاملة نفس الأخطاء، ثم تعيد تشغيل الماكينة، ثم تحدِّق في شاشتها وتقول: «هممم، لا أعرف ماذا أفعل». سألَت شخصين وبدأت عملية صنع المفاتيح خمس مرات. بكل ذرة في كياني وقفت هناك محاولة أن أبقى هادئة، وقد صارعت لأجد الصبر حتى أقف وأنتظر. مر وقت طويل للغاية حتى إنني بدأت في الواقع أقيِّم الوضع لأرى هل ينبغي أن أبقى أم أذهب وحسب. ولكن بوصولي إلى تلك المرحلة عرفت أنني كنت محاصرة: ينبغي أن أظهر الصبر، حيث إن جاكي كانت تراقب.

أخيرًا جاء موظف آخر وقام بالمهمة وحصلت أنا على مفاتيحي الثلاثة بعدها بخمس دقائق. قال الموظف الجديد: «أنا آسف». وعند هذه النقطة تدخَّلت جاكي قائلة: «أتمنى أن تكون أفضل من هذه الغبية البائسة. لقد أصبت بالشيخوخة وأنا انتظرها تكف عن العبث!» بدا

الموظف خجلًا قليلًا وقال: «أنا آسف، لا أعرف ماذا فعلت بالماكينة». ولا أنا كذلك! ربما كنت أبدو صبورة، وربما تمتمت بشيء مبتذل مثل «لا يهم»، ولكني لم أكن غير عابئة. لقد كنت أشعر تمامًا مثل جاكي؛ في داخلي كنت ثائرة جدًّا.

تَوَقَّف

هل هناك حقًّا أي فرق بين سلوكي وسلوك جاكي؟

كلنا نحب أن نظن أننا محترفين في إخفاء مشاعرنا، ولكن لا يهم كم نحاول بجد، سيكون لعدم الصبر والإحباط علامات تفضحنا. بطريقة ما سنعبِّر عن أنفسنا – سيكون كل عصب فينا متلهفًا ليقول: «إنني في حالة غضب شديد». هنا تكمن المشكلة: نحن غير صبورين. كثيرًا جدًّا ما تخرج النعمة من الشباك في تلك اللحظات التي نواجهها كل يوم. مثلما حدث عندما فقد ابننا حذاءه المدرسي للمرة الثانية في ذلك الأسبوع، ودائمًا يكون هو ذلك الشخص الذي يفقد أشياءه، أو عندما يقطع علينا هذا الرجل المجنون الطريق بالسيارة خارجًا من الطريق الجانبي ولا يفعل سوى أن يلوح بيديه لنا بينما يمر، أو عندما نذهب إلى الثلاجة ونجد أن شخصًا ما قد استخدم آخر زجاجة لبن وأعاد الزجاجة الفارغة إلى الثلاجة... نقول بإحباط: «حقًّا؟!» في هذه اللحظات ننسى بسهولة شديدة النعمة التي كنا نظهرها ونصبح محبَطين، وغاضبين وغير صبورين.

إننا نظهر إحباطًا من الناس بدلًا من الرأفة.

عدم احتمال بدلًا من الصبر.

في هذه اللحظات نتغاضى عن حقيقة أنهم عائلتنا المسيحيَّة ونادرًا ما نفكر في شهادتنا لمن لا يعرفون المسيح - **فنحوِّل الناس إلى أهداف نصب عليها إحباطنا**. لا يهم كم نحاول بجد، من الصعب أن نخبِّئ عدم صبرنا.

«**لكِنَّنِي لِهذَا رُحِمْتُ: لِيُظْهِرَ يَسُوعُ الْمَسِيحُ فِيَّ أَنَا أَوَّلاً كُلَّ أَنَاةٍ، مِثَالاً لِلْعَتِيدِينَ أَنْ يُؤْمِنُوا بِهِ لِلْحَيَاةِ الأَبَدِيَّةِ**». (١تيموثاوس ١: ١٦)

أتذكَّر أنني قلت لابني عندما كان صغيرًا: «كم مرة ينبغي أن أقول لك هذا؟» فقال، إذ أخذ سؤالي حرفيًّا، دون أن يقصد أن يتبجَّح البتة: «لا أعرف، سبع مرات؟» جعلني هذا أضحك كثيرًا وذكَّرني بأن اللهُ يقول نفس الشيء لي بانتظام: «شارون، كم مرة ينبغي عليَّ أن أخبرك؟» يمكن أن نشعر ببرنا الذاتي وننسى كم مرة أشعنا الفوضى في حياتنا. كم مرة فعلنا أشياءً خاطئة؟ كم مرة كان على اللهُ أن يعلِّمنا شيئًا معيَّنًا مرارًا وتكرارًا؟ ومع ذلك يظهر لنا اللهُ صبره ولطفه اللذين لا يُقاسان. هذا أكثر مما نستحق وقطعًا أكثر مما نظهر نحن للآخرين.

ليس الناس وحدهم هم من يمكن أن نفقد صبرنا معهم. هناك أوقات يمكن أن نفقد فيها صبرنا مع اللهُ وتوقيته. كمسيحيِّين نستعمل تعبير «الانتظار الجيد». وما نقصده بهذا هو أننا متأكِّدون تمامًا من مشيئة اللهُ وأننا ننتظر توقيته المثالي. ولكننا جيل أطعمة ماكدونالدز - ليس فقط نحن لا نحب الانتظار، بل نحن لا نحب أن نسمع «لا» أيضًا - نحن نريد ما نطلب ونريده الآن.

هناك مَثَل مثالي يخبرنا مَن نحن في فيلم «ويلي ونكا ومصنع الشوكولاتة *Willy Wonka and the Chocolate Factory*» (الأصلي بالطبع). شخصية فيروكا سولت وهي تغني الأغنية «أريدها الآن! ... لا يهمني كيف، أريدها الآن!» يلخِّص هذا تمامًا الأمر بالنسبة لكثيرين منَّا. «لا يهمني كيف، أريده الآن». وعندما لا نحصل على ما نريد عندما نريده، بطريقة ما نجعله يحدث. نفرض الأمر ونوقع أنفسنا في فوضى حقيقية. نحن لا نصبر حتى ننتظر توقيت اللهُ المثالي.

رأيت هذا مع رجال ونساء غير مرتبطين يتلهفون لإقامة علاقة. لا تفهموني خطأ، الرغبة في الزواج أمر جيد، إنها عطية من اللهُ. ولكني تكلمت مع نساء كثيرات لسن مستعدات ببساطة للانتظار أو تَعِبْن من الانتظار. هن لا يثقن باللهُ أو توقيته. يمكن أن يصبن بالإحباط والضيق بسهولة لأن الأمر يبدو كما لو أن الجميع قد وجدن أزواجًا لهن فيما عداهن. لذا تشعرن بأن شيء ينقصهن، وبعدم الرضا، وبأنهن متروكات على الرف وقلقات. أصبح الحصول على علاقة وثنًا (أصبحت شيئًا أهم لديهن من اللهُ). شعورهن بالوحدة ولهفتهن للحصول على زوج يؤجِّجان سرعة اتخاذهن القرارات فتبدأن في القيام باختيارات سيئة. يمكن أن يندفع الناس بسهولة إلى علاقة ما، بل وأن يسمحوا لأنفسهم بالانخراط في العلاقة الجنسية بسرعة شديدة، متخطِّين الحدود التي لم يفكروا فيها من قبل. بل وربما يختارون شخصًا ليس حقًّا مسيحيًّا ناضجًا، أو يختارون الخروج مع شخص غير مسيحي (لقاء تعارف لكي يقدموا له الخلاص!). ويقولون لأنفسهم الكذبة الشهيرة التي تقول إن خروجها كشخص مسيحي

للتعارف سوف يجبر خليلها على رؤية احتياجه الماس للخلاص (نعم، صحيح!). كل هذا يمكن أن يؤدي إلى إنجاب أطفال خارج إطار الزواج، وإلى نساء تفكرن في الإجهاض، وحالات انفصال مؤلمة، وزيجات تتَّسم بالصراع أو حتى مسيحيِّين يسيرون بعيدًا عن الرب.

إننا ننسى أن اللهُ حكيم. ننسى أن اللهُ أمين. ننسى أن اللهُ يعرف حقًّا ما يفعله. ننسى أن ننتظر ونثق. **ننسى أن نكون صبورين.**

تَوَقَّف

ما الذي تطلبه من اللّهُ وتتحدث معه عنه باستمرار؟ كيف ستشعر إن قال اللّهُ لا؟

أذكر ذات مرة بينما كنت مسيحيَّة شابة إنني كنت أصلي طالبة شيئًا معيَّنًا وذكَّرني شخص ما بأن اللهُ يستخدم الانتظار ليغيِّرنا. لم أُقدِّر أبدًا هذا الكلام في هذا الوقت؛ ظننت فقط أنه من الصعب جدًّا ومن عدم الواقعية أن أنتظر بصبر. عندما نصارع لنكون صبورين نحتاج أن نتذكَّر النعمة التي أظهرها يسوع لنا وننتظر وعوده بصبر. نحتاج أن ننظر إليه، ونعتمد عليه ونطلب منه المعونة بينما نصارع لنظهر الصبر. حمدًا لله أن المسيح صبور معنا بلا حدود.

النقطة الأساسية

اللهُ صبور ولكن ليس صبره لا نهائيًّا. سوف يصل صبره إلى نهاية معيَّنة. لقد عيَّن يومًا ليدين فيه العالم، مُحدِّدًا بذلك نقطة نهاية جهاد اللهُ بصبر معنا. إننا مدعوُّون أن نكون صبورين –

هـذا ليـس أمـرًا اختياريًّـا بالنسـبة لنـا – لكنـه أمـر صعـب! حمـدًا لله لنـا مُخلِّـص يمنحنـا كل مـا نحتـاج، حتـى الصبـر.

آيات للحفظ

«مُبَـارَكٌ اللهُ أَبُـو رَبِّنَـا يَسُـوعَ الْمَسِـيحِ، الَّـذِي حَسَـبَ رَحْمَتِـهِ الْكَثِيـرَةِ وَلَدَنَـا ثَانِيَـةً لِرَجَـاءٍ حَـيٍّ، بِقِيَامَـةِ يَسُـوعَ الْمَسِـيحِ مِـنَ الأَمْـوَاتِ، لِمِيـرَاثٍ لاَ يَفْنَـى وَلاَ يَتَدَنَّـسُ وَلاَ يَضْمَحِـلُّ، مَحْفُـوظٌ فِـي السَّـمَاوَاتِ لأَجْلِكُـمْ».
(١بطرس ١: ٣-٤)

مُلخَّص

كثيـرون منَّـا غيـر صبوريـن، نريـد شـيئًا معيَّنًـا ونريـده الآن. الصبـر ليـس مجـرد أن ننتظـر شـيئًا مـا أو أن نظهـر سيطرتنا علـى ذواتنـا. الصبر مفهـوم غريـب علينـا ولكـن ليـس علـى اللهُ. يكبـح اللهُ بصبـر دينونتـه حتـى نتمكـن مـن أن نتـوب ونعـود إليـه، أي أن نُسـترد إليـه. ولكـن ينبغـي أن نتذكَّـر أن صبـره ليـس بـلا حـدود؛ عنـد نقطـة معينـة سـيصل إلـى نهايتـه. بالنسـبة للشـخص المسـيحي الصبـر ليـس أمـرًا اختياريًّـا زائـدًا. علينـا أن نحتمَّـل بعضنـا البعـض، وأن ننمـو فـي الصبـر وفي إظهاره، تابعين المثال الذي وضعه اللهُ نفسه أمامنا.

ما المقصود؟

ينبغي أن ينمو المسيحيُّون في اللطف.

٥- نصطاد المزيد من الذباب بالعسل

«وَأَمَّا ثَمَرُ الرُّوحِ فَهُوَ: مَحَبَّةٌ فَرَحٌ سَلاَمٌ، طُولُ أَنَاةٍ لُطْفٌ صَلاَحٌ، إِيمَانٌ وَدَاعَةٌ تَعَفُّفٌ. ضِدَّ أَمْثَالِ هذِهِ لَيْسَ نَامُوسٌ».
(غلاطية ٥: ٢٢-٢٣)

بوصولك إلى هنا على الأرجح أنت تدرك الآن أنني أحب الأفلام. أشعر كأنني قد بدأت - ما يمكن أن يصبح بسهولة عادة - ذكر اقتباس من فيلم واحد على الأقل في كل فصل بصفة دائمة، ولكني أعرف أن هذا سوف يشتّتني بسهولة شديدة ويبعد تركيزي بينما أبحث في ذاكرتي عن أي مشهد مفيد. ومع هذا، عندما أفكر في اللطف، هناك فيلم واحد يقفز إلى ذهني على الفور، لأنه محفور في ذهني كواحد من الكلاسيكيات، وهو «رد المعروف Pay it Forward». أتحدّى أي شخص أن يشاهد هذا الفيلم دون أن يبكي. صبي صغير يُدعى تريفور يحاول أن يجعل العالم مكانًا أفضل بعدما أعطى المدرس فصله واجبًا ليقوم به. كان الواجب هو التفكير في شيء يمكن أن يغيِّر العالم ثم وضعه موضع تنفيذ. أتي تريفور بفكرة إسداء الخدمات - التفكير في فعل ثلاثة أشياء جيدة (ذات دلالة) للناس (شرط أن يكونوا غرباء) ثم تنفيذها. ثم يكون على الشخص المتلقِّي أن «يرد المعروف» بفعل ثلاثة أمور جيدة وهامة للآخرين. حفَّزت جهود

تريفور لتنفيذ فكرته ثورة ليس فقط في حياته بل وكذلك لجدته مدمنة الكحوليات، والمعلمة التي تعاني من آلام عاطفية، وأخيرًا كل الأمة، حيث أصبح فيلم «رد المعروف» الخبر الكبير وانتهي به الحال في مقابلة رسمية مع وسائل الإعلام. فالناس يحبون القصص الجيدة!

ولكن ليس فقط في الأفلام نرى أعمال اللطف العشوائية. ابحث في جوجل عن «أعمال الطف العشوائية» وستجد أكثر من ١٥٨٠٠٠٠ نتيجة؛ في الواقع، هناك حتى «يوم لأعمال اللطف العشوائية» يتم الاحتفال به في ١٧ فبراير. توجد كل أنواع الأعمال، من إنقاذ الكلاب على يد غرباء وحتى دفع فاتورة المطعم، صفحات وصفحات من قصص حكتها عيون دامعة عن أعمال حياتية حقيقية لطيفة قام بها غرباء. أعجبتني قصة عن امرأة عجوز تركت لنادلها بقشيشًا ضخمًا، وبجواره ملاحظة كتبتها بخط يدها. تقول الملاحظة: «يا لوقا، أترك لك البقشيش لأنك ذكَّرتني بابني، ديفون، الذي مات منذ خمس عشرة سنة. ربما لا تشبهه كثيرًا، ولكن روحك الطيبة، اللطيفة، المهذبة هي التي ذكرتني به. أشكرك من أجل تلك الذكرى الحلوة المريرة في نفس الوقت. الرب يباركك يا عزيزي!»

جاكي

تبلغ العمة دوريس من العمر ٨٢ سنة وقد عاشت في شقة تحت شقة جاكي لسنوات. كل مرة تصنع فيها جاكي قدرًا من الحساء ترسل واحدًا من الأطفال إلى أسفل ومعه طبقًا مملوءًا منها لدوريس. حتى الآن لا يزال فرانك يشتري لها الخبز صباح يوم السبت عندما يأخذ جرائده ويتركه لها

معلَّقًا على مقبض الباب. العمة دوريس امرأة جميلة والكل يعرفها.

شيء واحد أذهلني بشأن كل القصص والاقتباسات، وهو ببساطة أن معظم، إن لم يكن كل، أعمال اللطف، تثير شعورًا بالامتنان. كان النادل سعيدًا جدًّا ليس فقط بالملاحظة اللطيفة بل وبالبقشيش الهائل؛ كانت مالكة الكلب سعيدةً سعادة غامرة واحتضنت الرجل الذي غاص في المحيط وأنقذ كلبها؛ والسيدة المشرَّدة التي دفع أحدهم ثمن وجبتها أبدت امتنانها بأن اشترت وجبة لشخص آخر عندما تحسَّنت حياتها.

ولكن تخيَّل ما كان سيشعر به الرجل بعدما خلع قميصه وقفز في المياه المتجمدة لينقذ الكلب، وبعد هذا التصرُّف البطولي، لم تعطه المالكة أي شيء سوى الغضب أو الكلام بوقاحة أو لم تعترف بالجميل الذي فعله. كان ليغتاظ. أليس كذلك؟ أقصد، نحن نتضايق عندما نفسح الطريق لسيارة أخرى ولا يُعبِّر السائق عن شكره للطفنا. لم يلوِّح، لم يشر بمصابيح السيارة - لا شيء. سنغتاظ، أليس كذلك؟ نتوقع أن يكون هناك امتنان مقابل اللطف الظاهر ونشعر بالسعادة إذا فاضت المشاعر!

تَوَقَّف

بم تشعر إن فعلت شيئًا لطيفًا لأجل شخص ما ولم يقل شكرًا؟

ولكن، لطف اللهُ مختلف. لا يتأثر لطفه بالامتنان أو عدمه لمن يظهره لهم. لطف اللهُ لا يتأثر بالناتج أو رد الفعل لدى المتلقي. نرى هذا في لوقا ٦: ٣٥.

«بَلْ أَحِبُّوا أَعْدَاءَكُمْ، وَأَحْسِنُوا وَأَقْرِضُوا وَأَنْتُمْ لاَ تَرْجُونَ شَيْئًا، فَيَكُونَ أَجْرُكُمْ عَظِيمًا وَتَكُونُوا بَنِي الْعَلِيِّ، فَإِنَّهُ مُنْعِمٌ عَلَى غَيْرِ الشَّاكِرِينَ وَالأَشْرَارِ». (لوقا ٦: ٣٥)

هذه فكرة خطيرة، أليس كذلك؟! لقد سمعنا مرارًا وتكرارًا أنه علينا أن نكون مشابهين للمسيح وأن نظهر سماته في حياتنا. ولكن هنا نرى الله يظهر الرحمة واللطف لأعدائه، لغير الشاكرين وللأشرار! التفكير في أن يكون المرء لطيفًا مع الناس الذين نحبهم أمر يسهل علينا فهمه. أن يكون المرء لطيفًا مع غير الشاكرين هو أمر يثير الضيق، ولكن رغم أننا ربما نصارع معه، لا أظن أن كثيرين منَّا سيكفُّون عن أن يكونوا لطفاء بسببه. ولكن أن يكون المرء لطيفًا مع أعدائه ومع الأشرار؟! هذا مستحيل، لا شك أن هذه خطوة بعيدة جدًّا علينا.

توضيح

تم القبض على المسيحيَّة كوري تن بوم وأختها بسبب إخفائهما اليهود في بيتهما أثناء الاحتلال النازي لهولندا. تم إرسالهما لمعسكر الاعتقال. كتبت كوري قصتها في سيرتها الذاتية، «المَخْبأ».

نجدها تصف اليوم الذي التقت فيه بحارس زنزانتها السابق، العدو، بعد الحرب. حدث ذلك بعدما كانت قد انتهت من إلقاء محاضرة في كنيسة في ميونيخ عن غفران الله. كتبت تقول:

> وعندما رأيته ... عاد فيض الذكريات: الحجرة الضخمة بأنوارها الرأسية القاسية، وكومة الملابس والأحذية المثيرة للشفقة في وسط أرضية الغرفة، الشعور بالخزي

بسبب سيري عريانة أمام هذا الرجل. أستطيع أن أرى شكل أختي الضعيف أمامي، وأضلاعها البارزة تحت جلدها الرقيق ... كان هذا الرجل حارسًا في معسكر اعتقال رافنسبروك حيث تم إرسالنا.

الآن هو واقف قبالتي، ويمد يده: «رسالة ممتازة، يا سيدتي! يا له من أمر سار أن أعرف أنه، كما قلتِ، كل خطايانا في قاع البحر!»

وأنا، متحدِّثة دون تحفُّظ عن الغفران، ارتبكت ويدي في جيبي بدلًا من أن أصافح تلك اليد. بالطبع لم يتذكَّرني – كيف يمكنه أن يتذكَّر سجينة واحدة من بين هذه الآلاف من النساء؟

ولكنني تذكرته والسوط الجلدي الذي كان يتأرجح متدليًا من حزامه. كانت هذه هي المرة الأولى منذ إطلاق سراحي أن تقابلت وجهًا لوجه مع واحد من سجَّانيَّ وبدوت كما لو أن دمِّي قد تجمد في عروقي.

كان يقول: «لقد ذكرتِ رافنسبروك في حديثك. لقد كنتُ حارسًا هناك». كلا لم يتذكرني.

وتابع كلامه: «ولكن منذ ذلك الوقت، أصبحت مسيحيًّا. أعرف أن اللهُ قد غفر لي الأمور القاسية التي فعلتها هناك، ولكني أود أن أسمعها من شفتيك أنت أيضًا يا سيدتي» – ومرة أخرى مد يده لي – «هل تغفري لي؟»

تَوَقَّف

ماذا كنت لتفعل في هذه اللحظة؟

٥ توضيح

تابعت كوري قائلة:

> ووقفت هناك – وخطاياي كل يوم تحتاج أن تنال الغفران – ولم أستطع أن أغفر له. لقد ماتت بتسي في هذا المكان -هل يقدر هو أن يمحو موتها المرعب البطيء ببساطة بمجرد الطلب؟
>
> لا يمكن أن تكون قد مرت ثوانٍ كثيرة بينما كان يقف هناك ويده ممدودة، ولكن بالنسبة لي بدا الوقت كأنه ساعات بينما كنت أصارع مع أصعب شيء اضطررت أن أمر به.
>
> لأنه عليَّ أن أفعلها – لقد عرفت أنه عليَّ هذا. الرسالة التي تقول إن اللهُ يغفر بها شرط مُسبَق: أن نغفر لمن أساءوا إلينا. يقول يسوع: «**وَإِنْ لَمْ تَغْفِرُوا لِلنَّاسِ زَلَّاتِهِمْ، لَا يَغْفِرْ لَكُمْ أَبُوكُمْ أَيْضًا زَلَّاتِكُمْ**».

كان اللهُ يطلب من كوري أن تعيش إيمانها وتغفر، وهذا شيء يسهل قوله عن أن يتم القيام به. لقد رأت بعينيها أشخاصًا تشلهم المرارة فتجعلهم عاجزين عن إعادة بناء حياتهم. كما رأت أيضًا من غفروا لأعدائهم يعيدون بناء حياتهم رغم الندوب الجسدية التي تعلوا أجسادهم. في هذه اللحظة، بينما كانت تصارع مع نفسها

ومـا يجـب أن تفعله، لا بد وأن كل الذكريات والمشـاعر العائلية كانت تتدفَّق في داخلها.

صلَّيـت بصمـت: «يـا يسـوع، سـاعدني! أسـتطيع أن أرفـع يـدي. أقـدر أن أقـوم بهـذا القـدر. مُدنـي أنـت بالمشـاعر». وهكـذا، وبشـكل ميكانيكـي متخشـب، دَفَعت بيـدي لتصافـح اليـد الممـدودة لـي. وإذ فعلـت ذلـك، حـدث شـيء لا يُصدَّق. سـرا فـي جسـدي تيـار بـدأ مـن كتفـي إلـى ذراعـي ثـم إلـى أيدينـا المتشـابكة. ثـم بـدا هـذا الـدفء الشـافي أنـه يجتـاح كل كيانـي، ممـا دفـع بالدمـوع إلـى عينـيَّ. «أنـا أغفـر لـك، يـا أخـي!» قلتهـا صارخـة. «بـكل قلبـي!»[1]

أنــا أُدرك أن قصــة كــوري تظهــر فــي الأغلــب الغفـران لعدوهـا، والـذي أصبـح الآن أخًـا فـي المسيح، ولكـن اللطـف، والرأفـة، والغفـران، أمـور متشـابكة بشـكل وثيـق جـدًّا لدرجـة أنـه مـن الصعـب أن نفصـل الواحـد عـن الآخـر. غفرانهـا، مصافحتهـا لـه، كانـا أفعـال لطـف حقيقـي مـن جانبهـا. كان عليهـا أن تطلـب مـن اللهُ أن يسـاعدها لتفعـل ذلـك، لقـد صارعـت، ولكنهـا أظهـرت مـع هـذا لطفًـا لمـن كان عـدوًّا لهـا. إنـه لأمـر غيـر مؤلـم تمامًـا أن نكـون لطفـاء مـع شـخص نحبـه، صديـق أو مجـرد امـرأة عجـوز تحتـاج أن نحمـل لهـا حقيبـة تسـوُّقها إلـى حيـث تسـكن، ولكـن إظهـار اللطـف لأعدائنـا يبـدو كأنـه مهمـة مسـتحيلة. ومـع هـذا، مـا نـراه فـي كـوري يُعَـد مثـالًا لمـا يفعلـه الـرب مـن مسـتحيلات بتغييـره قلـوب شـعبه. ربمـا يبـدو الأمـر غيـر واقعـي بالمـرة، ولكـن مـع اللهُ

[1] 'Guideposts Classics: Corrie ten Boom on Forgiveness' https://www.guideposts.org/better-living/positive-living/guideposts-classics-corrie-ten-boom-on-forgiveness Accessed April 2019

كل شيء ممكن. وحمدًا لله، كما نرى في قصة كوري، ليس علينا أن نقوم بهذا بمفردنا؛ اللهُ معنا، ويساعدنا.

نرى تعريف اللطف في شخصية اللهُ، ظاهرًا شخصيًا في يسوع من خلال حياته وعمله على الأرض، ويظهر كثمرة في حياة المؤمن بعمل الروح القدس. ينبغي أن يظهر اللطف في حياة المؤمن.

تَوَقّف

كيف تظهر اللطف للناس من حولك؟

للأسف، كما هو الحال مع كل شيء، يمكننا أن نأخذ شيئًا جميلًا، سمة من سمات اللهُ، ونلويه ونشوّهه. يمكننا أن نشوّه اللطف نفسه.

«اِحْتَرِزُوا مِنْ أَنْ تَصْنَعُوا صَدَقَتَكُمْ قُدَّامَ النَّاسِ لِكَيْ يَنْظُرُوكُمْ، وَإِلاَّ فَلَيْسَ لَكُمْ أَجْرٌ عِنْدَ أَبِيكُمُ الَّذِي فِي السَّمَاوَاتِ. فَمَتَى صَنَعْتَ صَدَقَةً فَلاَ تُصَوِّتْ قُدَّامَكَ بِالْبُوقِ، كَمَا يَفْعَلُ الْمُرَاؤُونَ فِي الْمَجَامِعِ وَفِي الأَزِقَّةِ، لِكَيْ يُمَجَّدُوا مِنَ النَّاسِ. اَلْحَقَّ أَقُولُ لَكُمْ: إِنَّهُمْ قَدِ اسْتَوْفَوْا أَجْرَهُمْ! وَأَمَّا أَنْتَ فَمَتَى صَنَعْتَ صَدَقَةً فَلاَ تُعَرِّفْ شِمَالَكَ مَا تَفْعَلُ يَمِينُكَ، لِكَيْ تَكُونَ صَدَقَتُكَ فِي الْخَفَاءِ. فَأَبُوكَ الَّذِي يَرَى فِي الْخَفَاءِ هُوَ يُجَازِيكَ عَلاَنِيَةً».
(متى ٦: ١-٤)

نرى في متى تحذيرًا من أن نمارس برّنا لأسباب خاطئة، للحصول على مجد أناني: أن نكون لطفاء بحيث يمكننا أن نبدو صالحين أمام الآخرين، حتى نحصل على تربيت الامتنان على ظهورنا، أن يلاحظوننا ويمدحوننا. هذا ليس لطفًا حقيقيًا. هذا شي يتعلق بنا

وبما سنستفيد منه. نقرأ في ١كورنثوس ١٠: ٣١: «**فَإِذَا كُنْتُمْ تَأْكُلُونَ أَوْ تَشْرَبُونَ أَوْ تَفْعَلُونَ شَيْئًا، فَافْعَلُوا كُلَّ شَيْءٍ لِمَجْدِ اللهِ**». إذن، أيًّا كان ما تفعله، عندما تكون لطيفًا، افعل ذلك لمجد اللهُ وليس لمجدك أنت.

توَقَّف

في رأيك كيف يمكننا أن نتأكَّد من أن النسخ التي اعتبروها للمخطوطات الأصلية كانت دقيقة تمامًا؟

جاكي

إذا كنت أمينة تمامًا فأنا أحب أن يظن كل شعب الكنيسة أنني فاعلة خير - هذا يجعلني أشعر أن كل شيء على ما يُرام. لكنني أعرف أنني أتغيَّر لأنني الآن سوف أفعل الخير حتى ولو لم يكن هناك من ينظر.

ستكون هناك أوقات يكون فيها اللطف سهلًا ونفعله حتى دون أن نفكر، ولكن اللهُ يدعونا لفعل أكثر من هذا. إنه يدعونا لفعل أعمال اللطف المُكلِّفة، الصعبة والتي تبدو مستحيلة. حمدًا لله، إنه يرسل الروح القدس ليثمر بهذا في حياتنا. لذا فهو لا يطلب منَّا فقط أن نظهر ذلك، بل وكذلك يمنحنا كل ما نحتاجه لكي نحقِّقه بشكل واقعي. إذا كان هناك فعل لطف يطلب منَّا اللهُ أن نفعله مع أننا نجد أنه ببساطة يُعتَبَر مستحيلًا وصعبًا للغاية، فلنطلب إذن من اللهُ أن يساعدنا. كما تعلمنا من قصة كوري، يمكنك أن تطلب من اللهُ أن يساعدك، ويغيِّرك، ويليِّن قلبك ويمنحك القوة لتفعل المستحيل. سوف يساعدك.

النقطة الأساسية

نحـن نختبـر لطـف اللهُ مـن خـلال خلاصنـا فـي المسـيح إذ مـات موتًـا قاسيًا لأجلنـا. ينبغـي أن يظهـر هـذا اللطـف، بالإيمـان، فـي حياتنـا بينمـا نبحـث عـن طـرق لنسـاعد بهـا النـاس المحتاجيـن، بغـض النظـر عمـن يكونـون ومقـدار العرفـان الـذي يظهـروه لنـا.

آيات للحفظ

«وَلكِـنْ حِيـنَ ظَهَـرَ لُطْـفُ مُخَلِّصِنَـا اللهِ وَإِحْسَـانُهُ لاَ بِأَعْمَـال فِـي بِـرّ عَمِلْنَاهَـا نَحْـنُ، بَـلْ بِمُقْتَضَـى رَحْمَتِـهِ خَلَّصَنَـا بِغُسْـلِ الْمِيـلاَدِ الثَّانِـي وَتَجْدِيـدِ الـرُّوحِ الْقُـدُسِ، الَّـذِي سَـكَبَهُ بِغِنًـى عَلَيْنَـا بِيَسُـوعَ الْمَسِـيحِ مُخَلِّصِنَـا». (تيطـس ٣: ٤-٦)

مُلخَّص

اللطـف شـيء نفهمـه كلنـا ولكـن لا نُظهـره دائمًـا. عندمـا نُظهـر اللطـف نتوقـع أن يكـون النـاس ممتنيـن. ولكـن لطـف اللهُ مـن نحونـا مختلـف؛ فهـو لا يتأثـر بمـدى امتناننـا. يتحـدَّد لطفـه بشـخصيته. وهـذا شـيء نـراه فـي حيـاة يسـوع ونختبـره بأنفسـنا مـن خـلال الخـلاص الـذي نجـده فيـه. اللهُ يبيِّـن لطفـه حتـى لأعدائـه – وهـو شـيء قـد لا نفكـر حتـى فيـه. هـذه هـي نوعيـة اللطـف التـي ينبغـي أن تكـون ظاهـرة فـي حياتنـا.

ما المقصود؟

ينبغي أن ينمو المسيحيُّون في الصلاح.

٦- نحن مخلوقون للصلاح

«وَأَمَّـا ثَمَـرُ الـرُّوحِ فَهُـوَ: مَحَبَّـةٌ فَـرَحٌ سَـلاَمٌ، طُـولُ أَنَـاةٍ لُطْـفٌ صَـلاَحٌ، إِيمَـانٌ وَدَاعَـةٌ تَعَفُّـفٌ. ضِـدَّ أَمْثَـالِ هـذِهِ لَيْـسَ نَامُـوسٌ».
(غلاطية ٥: ٢٢-٢٣)

جاكي

مـا هـو الصـلاح؟ هـل هـو مجـرد أن يكـون الإنسـان صالحًـا يفعـل الخيـر؟

نحن نستخدم كلمة جيِّد أو صالح طوال الوقت.

كان الفيلم جيدًا

الجزر جيد لعينيك

أشعر أنني بصحة جيدة

إنها جيدة في لعب كرة القدم

إنه طباخ جيد

إننـا نقولهـا كثيـرًا جـدًّا، ولكـن مـا معناهـا؟ ألـم نتكلـم عنهـا فـي الفصـل السـابق؟ مـا الفـرق بيـن اللطـف والصـلاح؟ أليسـا همـا نفـس الشـيء؟ إن كانـا همـا نفـس الشـيء، إذن لمـاذا يذكرهمـا بولـس كثمـر منفصـل

في غلاطية ٥: ٢٢؟ لا بد وأن هناك فرقًا ما وإلا ما شغل نفسه بذكرهما. أم، هل اللطف هو فقط الجانب العملي لكون المرء صالحًا؟

هل هناك فرق بين اللطف والصلاح؟ كان هذا سؤالي اليومي بالأمس؛ وعند وصولي إلى هذه النقطة كانت رأسي تؤلمني لذا قررت أن أطلب بعض العون. سألت القليل من الأشخاص، ولكن دون فائدة: كان الرد «أوه، ينبغي أن أفكر في هذا الموضوع» هو نفس الرد النموذجي الذي أخذته من الجميع – حتى الأذكياء منهم. ثم ساعدني القسيس المساعِد لدينا قائلًا لي أن أحاول البحث على جوجل عن تيم كيلر لأن لديه تعريف لكل ثمر الروح القدس. ممتاز!

أجاثوسيون *Agathosune* [الكلمة اليونانية التي استخدمها العهد الجديد؛ فقد كُتب في الأصل باللغة اليونانية] = صلاح، نزاهة؛ أن يكون الشخص هو نفس الشخص في كل موقف، وليس مرائيًا أو متصنِّعًا. وهذا ليس مثل أن يكون المرء دائمًا صادقًا دون أن يكون مُحبًّا دائمًا؛ وأن تفرغ ما بصدرك فقط لتجعل نفسك تشعر أو تبدو بحال أفضل.[1]

أن يكون المرء لديه «نزاهة» يعني أن يكون إنسانًا أمينًا ذا مبادئ أخلاقية قوية وليس صاحب وجهين أو مزيَّف. الآن هذه كلمة قديمة الطراز لم نَعُد نسمعها تُستخدم كثيرًا هذه الأيام. في الوقت الحالي، يبدو أن كل شخص يسحق ويطمس الحق ليناسب ما يريده. أصبح من الطبيعي جدًّا أن تكذب لدرجة أنه قد لا نتمكَّن حتى من أن ندرك أننا نكذب، وتبدو الأمانة في الأفعال ذِكرى بعيدة. في الواقع، يبدو

[1] Tim Killer, *Galatians For You* (United Kingdom: The Good Book Company, 2013), 142. (Kindle Version)

أن الصدق أحيانًا يضعنا في وضع غير مؤات. ومن الممكن يبدو لنا أن كل دائرة من دوائر الحياة مبنية على كذبة بطريقة ما:

الحالة الشديدة الإثارة على الفيسبوك،

الحقيقة الممطوطة في سيرتنا الذاتية لنحصل على الوظيفة لسنا مؤهلين لها بالتمام،

خداع وسرقة التأمينات الاجتماعية للحصول على فوائد بصفتك أب أعزب أو أم عزباء في حين أن شريك حياتك يعيش معك، أو المطالبة بمنفعة سكنية بدل الشقة التي تؤجرها من الباطن،

الادعاء بأن هاتفنا قد سُرق بينما قمنا ببيعه نقدًا لدى متجر بيع وشراء البضائع المستعملة مقابل ٢٠٠ جنيه،

حتى القَسَم بقبر جدتك بينما هي حية تُرزق.

لأكون صادقة، القائمة لا تنتهي وهذه هي الحقيقة المؤسفة.

بينما أكتب هذا الفصل، فإن واحدة من أهم قصتين تتكلم عنهما الأخبار هي بخصوص محامي لحقوق الإنسان قدَّم ادعاءات كاذبة بالتعذيب والقتل ضد القوات البريطانية. وقد اعترف بسوء سلوكه للمحكمة، واعترف بتسعة اتهامات بالعمل دون نزاهة وبتهوُّر – ومع هذا فقد أنكر عدم الأمانة. كيف يمكن أن يكون هذا؟ القصة الثانية هي فضيحة تناول الرياضي الروسي للمنشِّطات، مما يشير إلى مؤامرة تمتد إلى قمة الحكومة الروسية.

نقـرأ فـي يعقـوب ٥: ١٢: **«وَلكِـنْ قَبْـلَ كُلِّ شَـيْءٍ يَـا إِخْوَتِـي، لاَ تَحْلِفُـوا، لاَ بِالسَّـمَاءِ، وَلاَ بِـالأَرْضِ، وَلاَ بِقَسَـمٍ آخَـرَ. بَـلْ لِتَكُـنْ نَعَمْكُـمْ نَعَـمْ، وَلاَكُـمْ لاَ، لِئَـلاَّ تَقَعُـوا تَحْـتَ دَيْنُونَـةٍ».**

كثيـرًا جدًّا مـا يتظاهـر النـاس بـأن لديهم فضائـل وأخلاقيات ومبـادئ لا يملكونهـا فـي الواقـع. نحـن نزيّفهـا، ولكـن تصرفاتنـا تنكـر اعترافنـا بالإيمـان. حتـى كمسـيحيّين لسـنا بهـذا القـدر مـن الأمانـة. «كلمتـي هـي مـا يربطنـي» هـو شـعار كان يُسـتخدم لقـرون ولكـن، بالنسـبة لنـا نحـن المسـيحيّين، لا يمكـن ائتمـان الكثيريـن منّـا ببسـاطة علـى الحفـاظ علـى كلامهـم - كلماتنـا بـلا قيمـة، ناهيـك عـن كونهـا تربطنـا أو تلزمنـا بشـيء.

تَوَقَّف

هـل تحيـا إيمانـك وتظهـره كل يـوم أم تزيفـه بشـكل جيـد؟ ماذا تقول حياتك عن صلاح الرب؟

توضيح

أتـت جاكـي لتـراك فـي أحـد أيـام الاثنيـن صباحًـا بعـد توصيـل الأطفـال للمدرسـة. وقالـت: «أنـا خائفـة. وصلتنـي رسـالة مـن الشـؤون الاجتماعيـة هـذا الصبـاح ويريـدون إعادتـي إلـى العمـل. أنـا لسـت ملاءمـة للعمـل! هـم يعرفـون أننـي أعانـي مـن الاكتئـاب وظهـري بحالـة سيئة. كيـف يتوقعـون منـي أن أعمـل بينمـا لا يمكننـي حتـى أن أعبُـر مصاعـب يومـي؟ مـاذا لـو قلَّلـوا قيمـة مدفوعاتـي الائتمانيـة؟ مـاذا سـأفعل؟ أرتـك جاكـي رسـالة تقـول إن لديهـا تقييـم لبيـان قدرتهـا علـى العـودة للعمـل الأسـبوع التالـي.

ولكنها شعرت بالراحة نوعًا بعد أن عرضت عليها أن تذهب معها إلى المقابلة.

أتى ميعاد المقابلة وبينما توقَّفت بسيارتك عند بيت جاكي لوَّحت لك من النافذة. وبينما تغادر البيت لاحظت ليس فقط أنها تبدو أنيقة جدًّا بل وأنها تضع دعامة طبيَّة حول ذراعها الأيسر وتعرج. يبدو أن لديها بالفعل مشكلة في السير. وبينما تلقي نفسها على المقعد الأمامي نظرت إليك وأدارت عينيها قائلة: «انظر، قبل أن تقول أي شيء لي، كنت أتحدث إلى بعض الناس وقالوا لي إنه ينبغي أن أشدِّد على مرضي بحيث أجعلهم يرونه. الأمر ليس كما لو أنني أكذب تمامًا، أنا فقط أبالغ في مرضي قليلًا بحيث يمكنهم أن يروا مدى سوء الأمر. أنا في الواقع أساعدهم بشكل أفضل على تقييم حالتي. أنا أعرف أنك ستدينني وكان ينبغي أن أطلب سيارة أجرة فحسب. الأمر سهل بالنسبة لك – فأنت لديك عمل. أنت لا تدري كم أن الوضع صعب بالنسبة لي».

تَوَقَّف

كإنسانة مسيحيَّة ماذا ينبغي على جاكي أن تفعل؟ بم كنت لترد لو كنت أنت الذي يقود السيارة؟

جاكي

استمعت جاكي في الواقع لما كنت ستقوله في السيارة في هذا اليوم وقررت أن تكون أمينة. «رغم ذلك، أنا لا زلت خائفة قليلًا – الثقة بالله أمر صعب». وبقيت

الدعامة معك في موقف السيارة عندما ذهبت جاكي إلى جلسة التقييم.

يرينا صلاح اللهُ بالضبط من هو وكيف يبدو؛ ينبغي أن يظهر هذا في حياتنا. يتكوَّن صلاحه من البر والعدل والرحمة والغفران.

أعماله صالحة،

وصاياه صالحة،

كلمته صالحة،

عطاياه صالحة،

طرقه صالحة،

هو مستقيم ولا ينقصه شيء.

كل ما يفعله صالح.

«فَقَالَ لَهُ: «لِمَاذَا تَدْعُونِي صَالِحًا؟ لَيْسَ أَحَدٌ صَالِحًا إِلاَّ وَاحِدٌ وَهُوَ اللهُ. وَلكِنْ إِنْ أَرَدْتَ أَنْ تَدْخُلَ الْحَيَاةَ فَاحْفَظِ الْوَصَايَا»». (متى ١٩: ١٧)

إذن، هل من الممكن بالنسبة لنا أن نُظهر صلاح اللهُ في حياتنا عندما يكون هذا أمرًا استثنائيًا؟ لا يهم كم سنحاول، وكم من الجهد سنبذله، ببساطة لا يمكننا أن نكون بهذا الصلاح، أليس كذلك؟ هذه المرة، بلا شك، يتوقع اللهُ المستحيل منَّا.

🔑 «وَلَكِنْ حِينَ ظَهَرَ لُطْفُ مُخَلِّصِنَا اللهِ وَإِحْسَانُهُ لَا بِأَعْمَالٍ فِي بِرٍّ عَمِلْنَاهَا نَحْنُ، بَلْ بِمُقْتَضَى رَحْمَتِهِ خَلَّصَنَا بِغُسْلِ الْمِيلَادِ الثَّانِي وَتَجْدِيدِ الرُّوحِ الْقُدُسِ، الَّذِي سَكَبَهُ بِغِنًى عَلَيْنَا بِيَسُوعَ الْمَسِيحِ مُخَلِّصِنَا. حَتَّى إِذَا تَبَرَّرْنَا بِنِعْمَتِهِ، نَصِيرُ وَرَثَةً حَسَبَ رَجَاءِ الْحَيَاةِ الْأَبَدِيَّةِ». (تيطس ٣: ٤-٧)

تَوَقُّف

لماذا يمكننا ممارسة الخير في حياتنا؟

يُمَكِّنُنَا الإنجيل من أن نظهر صلاح الله في حياتنا إذ نُعبِّر عنه بالإيمان من خلال تصرفاتنا. حمدًا لله أنه ليس علينا أن نفعل هذا بقوَّتنا نحن – دعنا نواجه الأمر، نحن بلا فائدة على أي حال. معظمنا لديه قوة إرادة البعوضة. تخبرنا أفسس ٢: ٨-١٠ بأن الله هو من يفعل هذا العمل في حياتنا، لذا لا يمكننا أن نتفاخر بشأن قوة إرادتنا الخاصة أو قدرتنا. يكتب بولس: «لِأَنَّكُمْ بِالنِّعْمَةِ مُخَلَّصُونَ، بِالْإِيمَانِ، وَذَلِكَ لَيْسَ مِنْكُمْ. هُوَ عَطِيَّةُ اللهِ. لَيْسَ مِنْ أَعْمَالٍ كَيْلَا يَفْتَخِرَ أَحَدٌ. لِأَنَّنَا نَحْنُ عَمَلُهُ، مَخْلُوقِينَ فِي الْمَسِيحِ يَسُوعَ لِأَعْمَالٍ صَالِحَةٍ، قَدْ سَبَقَ اللهُ فَأَعَدَّهَا لِكَيْ نَسْلُكَ فِيهَا».

الله هو من يغيِّرنا ويجعل هذا ممكنًا. هذا لا يعني أن نجلس فقط ونرفع أرجلنا ولا نفعل شيئًا. تغيير القلب يأتي حقًّا من الله. هو من يغيِّرنا، ولكنه يتوقع مِنَّا أن نضع هذا التغيير موضع الممارسة.

🔑 «أَخِيرًا أَيُّهَا الْإِخْوَةُ كُلُّ مَا هُوَ حَقٌّ، كُلُّ مَا هُوَ جَلِيلٌ، كُلُّ مَا هُوَ عَادِلٌ، كُلُّ مَا هُوَ طَاهِرٌ، كُلُّ مَا هُوَ مُسِرٌّ، كُلُّ مَا صِيتُهُ

حَسَنٌ، إنْ كَانَتْ فَضِيلَةٌ وَإِنْ كَانَ مَدْحٌ، فَفِي هذِهِ افْتَكِرُوا. وَمَا تَعَلَّمْتُمُوهُ، وَتَسَلَّمْتُمُوهُ، وَسَمِعْتُمُوهُ، وَرَأَيْتُمُوهُ فِيَّ، فَهذَا افْعَلُوا، وَإِلهُ السَّلاَمِ يَكُونُ مَعَكُمْ». (فيلبّي ٤: ٨-٩)

في كتابه، «الحياة المثمرة *The Fruitful Life*»، يقول الكاتب جيري بريدجز:

> **تذكَّر أن معظم الفرص لفعل الخير تأتي في طريق حياتنا العادية. لا تبحث عما هو مذهل؛ قلَّة من الناس هم من أُتيحت لهم فرصة أن ينقذوا ضحية من حطام سيارة تشتعل. كلنا لدينا فرصة أن نقدِّم كلمة لطيفة أو مشجعة - وهذا أمر بسيط يمكننا فعله، وربما لا يُرى، ليجعل الحياة سارة أكثر بالنسبة لشخص آخر.**[٢]

يذكِّرنا جيري بريدجز أنه ليس فقط في اللحظات الاستثنائية أو حتى الخاصة من الحياة نحتاج أن نظهر صلاح الله، بل في اللحظات اليومية، المملة، العادية والرتيبة. في الحقيقة ربما نجد من الأسهل أن نتذكر أن نتعب ذهننا ونفكر في ممارسة الخير عندما نكون في الكنيسة، ولكن في البيت ربما يكون هذا مختلفًا. في تلك اللحظات الصغيرة كل يوم عندما يكون ما نفعله هو مجرد المضي في الحياة مع عائلتنا، كثيرًا ما تكون أذهاننا غير مشغولة بشيء؛ فننسى وتخرج كل أفكار الصلاح من النافذة.

ولكن الأمور البسيطة هامة.

---

[2] Jerry Bridges, *The Fruitful Life* (Colorado Springs, CO: NavPress, 2006), 127. (Kindle Version)

تَوَقَّف

من الذي تصارع لكي تظهر له الخير؟ ولماذا؟

في هذه اللحظات، عندما نكون في حالة صراع لأي سبب لنمارس صلاح الله، نحتاج أن نتوقف وأن نُجري فحصًا مبكّرًا لواقعنا. حيث إننا ننسى بسهولة شديدة من نحن وماذا فعلنا. اللهُ يعلم أعمق وأظلم أفكارنا؛ إنه يعرفنا على حقيقتنا، حتى الدقائق التي لا يمكننا الاعتراف بها لأنفسنا، ومع هذا، لا يزال يرينا صلاحه من خلال الإنجيل. هذه عطية عجيبة - إنها النعمة، وبسبب هذا ينبغي أن نبذل كل جهد لممارسة هذا الصلاح، حتى مع من نصارع لكي نحبهم.

النقطة الأساسية

كل ما يفعله اللهُ صالح. يتكوَّن صلاح اللهُ من بره وعدله ورحمته وغفرانه. أعماله صالحة، وصاياه صالحة، كلمته صالحة، عطاياه صالحة، طرقه صالحة - إنه مستقيم وليس به أي نقص.

آيات للحفظ

«إِنَّمَا خَيْرٌ وَرَحْمَةٌ يَتْبَعَانِنِي كُلَّ أَيَّامِ حَيَاتِي، وَأَسْكُنُ فِي بَيْتِ الرَّبِّ إِلَى مَدَى الأَيَّامِ». (مزمور ٢٣: ٦)

مُلخَّص

رغـم أننـا نسـتخدم كلمـة صالـح طـوال الوقـت إلا أننـا نصـارع لكـي نصـف ونفهـم معناهـا الحقيقـي. كمسـيحيِّين نحـن مدعـوُّون لننمـو فـي الصـلاح، مـا يعنـي أن نعيـش بنزاهـة واسـتقامة وأن نكـون أمنـاء بـلا وجهيـن وغيـر مزيَّفيـن. كل شـيء يفعلـه اللهُ صالـح. يبيِّن صلاحـه بالتحديـد مَـن يكـون هـو وكيـف يبـدو – بـار، عـادل، رحيـم، وغفـور. هذا هو الصلاح الذي ينبغي أن يكون ظاهرًا في حياتنا.

ما المقصود؟

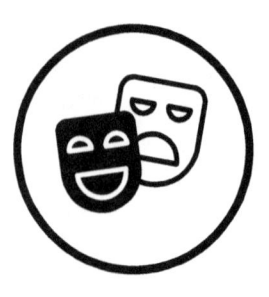

ينبغي أن ينمو
المسيحيُّون
في الأمانة.

٧- المحبة تجعل الأمانة سهلة، أليس كذلك؟

«وَأَمَّـا ثَمَـرُ الـرُّوحِ فَهُـوَ: مَحَبَّـةٌ فَـرَحٌ سَـلاَمٌ، طُـولُ أَنَـاةٍ لُطْـفٌ صَـلاَحٌ، إِيمَـانٌ [أو أمانـة] وَدَاعَـةٌ تَعَفُّـفٌ. ضِـدَّ أَمْثَـالِ هـذِهِ لَيْـسَ نَامُـوسٌ». (غلاطيـة ٥: ٢٢-٢٣)

فـي ديسـمبر ٢٠١٥ احتفـل كـرم وكاتـاري تشـاند مـن برادفـورد بالذكـرى الــ ٩٠ لزواجهمـا. كانـت هـذه رسـميًّا أطـول فتـرة زواج بيـن زوجيـن فـي العالـم حتـى مـات كـرم فـي العـام التالـي. كـم أن هـذا عجيـب! لقـد كانـا أمينيـن لبعضهمـا البعـض لمـدة تسـعين سـنة – هـذا قـرن تقريبًـا. هـذا النـوع مـن الـولاء، والأمانـة والإخـلاص نـادر هـذه الأيـام. كل يـوم نجـد قصصًـا متناثـرة فـي الصحـف الشـعبية والمجـلات بعناويـن مثيـرة عـن خائنيـن قُبـض عليهـم متلبِّسـين. كلنـا نعـرف قصصًـا عـن عائـلات تمزَّقـت وخربـت بسـبب عـدم الأمانـة. قـد يجعـل هـذا قـراءة الصحـف مثيـرة، لكـن الحقيقـة مـن وراء هـذه العناويـن سـتكون بـلا شـك مفجعـة بشـكل مؤلـم. للأسـف، معـدَّلات الطـلاق تتصاعـد بشـكل مخيـف حيـث أصبحـت الوعـود التـي نقطعهـا يـوم الزفـاف بـأن نبقـى أمنـاء ذكـرى طـال وقـت نسـيانها. تبـدو الأمانـة كمـا لـو كانـت شـيئًا زائـدًا اختياريًّـا عندمـا يكـون النـاس فـي زواجهـم الثانـي أو الثالـث.

يدعونا الكتاب المُقدَّس كمسيحيِّين أن ننمو في الأمانة. إذن ما معنى الأمانة واقعيًّا؟ الأمانة تعني أن نكون أشخاصًا جديرين تمامًا بالثقة وأن نحفظ كلامنا ووعودنا. معظمنا لديه صديق عزيز، شخص كان معك في الضيق والرخاء. أنت تعرف أن ولاءه لك ولاء تام وأنه يحفظ كلمته. ربما ائتمنته على أعمق وأدق أسرارك، وأنت متأكد تمامًا أنه لم يتفوَّه بكلمة لأي شخص. في الحقيقة، نعرف أنه سيحفظ كلمته حتى ولو كلفته الكثير لأنه فعل هذا في الماضي. إنه جوهرة حقيقية! هذه هي الأمانة التي أتكلم عنها، الأمانة التي دافِعها عواطفنا والتي هي بنسبة ١٠٠٪ مخلصة في القلب والفكر.

هذا ما نحن مدعوّين له في علاقتنا مع اللهُ. نحن مدعوُّون أن نكون بنسبة ١٠٠٪ أمناء معه كما أنه هو أمين معنا.

«**فَاعْلَمْ أَنَّ الرَّبَّ إِلهَكَ هُوَ اللهُ، الإِلهُ الأَمِينُ، الْحَافِظُ الْعَهْدَ وَالإِحْسَانَ لِلَّذِينَ يُحِبُّونَهُ وَيَحْفَظُونَ وَصَايَاهُ إِلَى أَلْفِ جِيل**». (تثنية ٧: ٩)

اللهُ أمين تمامًا وكليًّا. هو دائمًا شخص يمكن الوثوق به، وجدير بثقتنا، ولا يتغيَّر أبدًا، ويحفظ كلمته بالكامل، ومخلص بلا تردُّد. أترى، من طبيعة اللهُ أن يكون أمينًا – هذه طبيعته وجزء ممَّن يكون.

تقول تثنية ٣٢: ٤: «**هُوَ الصَّخْرُ الْكَامِلُ صَنِيعُهُ. إِنَّ جَمِيعَ سُبُلِهِ عَدْلٌ. إِلهُ أَمَانَةٍ لاَ جَوْرَ فِيهِ. صِدِّيقٌ وَعَادِلٌ هُوَ**».

من أمانة اللهُ لنفسه، أن يكون أمينًا لشعبه. يقول موسى في تثنية ٧: ٩ إن اللهُ هو «**الْحَافِظُ الْعَهْدَ وَالإِحْسَانَ لِلَّذِينَ يُحِبُّونَهُ**». هذا العهد

عبارة عن اتفاق ملزم بين شخصين، مثل العقد ولكنه أثقل وزنًا. كما أنه شيء شخصي أكثر، كما تجد في تعهُّدات الزواج. ولكن هناك فارق كبير عندما يقطع اللهُ وعدًا من وعود العهد. فعلى عكس العقد أو تعهُّدات الزواج، هذا العهد هو اتفاق يُعقد بين طرفين غير متساويين. على أي حال، اللهُ هو الذي يضع القواعد، وهي قواعد غير قابلة للتفاوض، وعلى عكسنا دائمًا ما يحفظ هو وعده. كلمته ثابتة تمامًا.

لا يمكن أن يُقال نفس الشيء عنَّا، ولا أشك أننا كلنا نشهد بهذا. من الشائع تمامًا أن نكسر أو نتراجع عن وعد. لنكون صادقين، أحيانًا نسلك كما لو كان كسر كلامنا أمرًا تافهًا. إننا نقطع وعودًا طوال الوقت. نعد بأن نزور جدتنا، نعد بأن نأخذ الأطفال للتنزُّه خارجًا، نعد بأن نغسل الأطباق، ونعد أنفسنا أن هذه هي آخر سيجارة.

وغالبًا ما نكسر الوعود.

تَوَقَّف

متى كانت آخر مرة وعدت فيها بفعل شيء؟ هل فعلته؟

عندما يقطع اللهُ عهدًا مع شعبه دائمًا ما يحفظه. إنه شخص يُعتمد عليه تمامًا ويحفظ كلمته بالتمام.

اللهُ لا يغيِّر رأيه ولا يكسر وعده أبدًا.

جاكي

كيف يمكنني أن أثق بصحة هذا؟

«**لَيْسَ اللهُ إِنْسَانًا فَيَكْذِبَ، وَلاَ ابْنَ إِنْسَانٍ فَيَنْدَمَ. هَلْ يَقُولُ وَلاَ يَفْعَلُ؟ أَوْ يَتَكَلَّمُ وَلاَ يَفِي؟**» (عدد ٢٣: ١٩)

لقد قطع اللهُ عهدًا مع إبراهيم (تكوين ١٢)، ووعد بأنه سيجعل نسله أُمَّة عظيمة ويباركهم، واعدًا بأن يعطِهم أرضهم وطنًا. لقد حفظ اللهُ هذا الوعد. ولكن لا بد وأن إبراهيم قد تساءل ما إذا كان اللهُ سيكون أمينًا، لأن الأمر استغرق عقودًا حتى يتمّم اللهُ كلمته. لم يحصل إبراهيم على ابنه إسحاق حتى بلغ المائة من العمر. ابن واحد وليس أُمَّة بأسرها، أليس كذلك؟ إن رسمنا شجرة العائلة بداية من إسحاق، بإضافة أولاده ثم أحفاده، وأخيرًا إن ظللنا نسير سوف نجد أن هذه العائلة الصغيرة قد أصبحت أُمَّة إسرائيل. لقد كان اللهُ أمينًا تمامًا في وعده لإبراهيم. مرارًا وتكرارًا في كل الكتاب المُقدَّس نرى اللهُ أمينًا في وعده.

«**ثُمَّ كَلَّمَ اللهُ مُوسَى وَقَالَ لَهُ: أَنَا الرَّبُّ. وَأَنَا ظَهَرْتُ لإِبْرَاهِيمَ وَإِسْحَاقَ وَيَعْقُوبَ بِأَنِّي الإِلهُ الْقَادِرُ عَلَى كُلِّ شَيْءٍ. وَأَمَّا بِاسْمِي «يَهْوَهْ» فَلَمْ أُعْرَفْ عِنْدَهُمْ. وَأَيْضًا أَقَمْتُ مَعَهُمْ عَهْدِي: أَنْ أُعْطِيَهُمْ أَرْضَ كَنْعَانَ أَرْضَ غُرْبَتِهِمِ الَّتِي تَغَرَّبُوا فِيهَا. وَأَنَا أَيْضًا قَدْ سَمِعْتُ أَنِينَ بَنِي إِسْرَائِيلَ الَّذِينَ يَسْتَعْبِدُهُمُ الْمِصْرِيُّونَ، وَتَذَكَّرْتُ عَهْدِي. لِذلِكَ قُلْ لِبَنِي إِسْرَائِيلَ: أَنَا الرَّبُّ. وَأَنَا أُخْرِجُكُمْ مِنْ تَحْتِ أَثْقَالِ الْمِصْرِيِّينَ وَأُنْقِذُكُمْ مِنْ عُبُودِيَّتِهِمْ وَأُخَلِّصُكُمْ بِذِرَاعٍ مَمْدُودَةٍ وَبِأَحْكَامٍ عَظِيمَةٍ**». (خروج ٦: ٢-٦)

بعد أجيال من أسلافهم إبراهيم وإسحاق، لا بد وأن إسرائيل قد ظنوا أن اللهُ كان غير أمين. فقد كانوا يعانون، وقد قد تم أسرهم كعبيد في مصر. لا بد وأنهم سألوا أنفسهم إن كان اللهُ قد كسر كلمته التي وعد بها أن يباركهم ويمنحهم وطنًا. ولكن كما نرى من خروج ٦: ٢-٦، قطع اللهُ وعدًا وسوف يحفظه.

ربما تفكر: «حسنًا، يا شارون، درس تاريخ لطيف وأقصر بكثير من نسخة فيلم «أمير مصر» ولكن ما علاقة هذا بي اليوم؟» هذا له علاقة وثيقة بنا اليوم، لأنه بصفتنا مسيحيِّين نحن الآن جزء من نفس الوعد الذي قطعه اللهُ مع إبراهيم، بدم يسوع. نحن شعبه. لقد أنقذنا ووعدنا بوطن مسيحي، السماء! اللهُ دائمًا يحفظ وعوده.

اللهُ سيكون أمينًا من جهتنا، وحمدًا للرب لا تعتمد أمانته علينا؛ هو أمين برغم

خطيتنا،

ضعفاتنا

مواقف فشلنا.

رغم أننا غير أمناء معه، يبقى هو أمينًا معنا.

هذا ليس عذرًا لنمتِّع أنفسنا ونحيا كيفما نشاء، فنقبل كل خطية يمكننا التفكير فيها بسرور! لكنه وعد بأنه حتى إن فشلنا وخذلناه، سوف يحفظ وعوده لنا وسيكون أمينًا من جهتها. اللهُ لا يتغيَّر. لذا سوف أدق نفس هذا الناقوس، وأسأل كيف ينطبق هذا على حياتنا. اللهُ **أمين** لشعبه وينبغي أن نظهر أمانته في حياتنا. نحتاج أن نفهم أنه عندما أصبحنا مسيحيِّين، دخلنا في واحد من هذه العهود التي تكلمنا

عنها قبلًا مع اللهُ. نحن في علاقة معه وقد دُعينا بصفتنا أولاده لنكون أمناء ونحفظ كلمتنا معه.

علينا أن نكون شعبًا أمينًا.

تَوَقَّف

في رأيك كيف يكون هذا؟

أن يكون المرء أمينًا ويحفظ كلمته مع اللهُ يعني أننا نحتاج أن نضعه هو أولًا. من سهل أن نقول هذا ولكن من الصعب فعله. نحن نرقد وراء الأشياء، جاعلين منها أمورًا أكثر أهمية من اللهُ. يسمِّي الكتاب المُقدَّس هذه الأشياء أوثانًا. نقول إننا مكرَّسون لله بنسبة ١٠٠٪ ثم عندما نلتقي بالرجل الوسيم التالي، أو فرصة للحصول على مزيد من النقود، أو فرصة للحصول على شيء من المتعة أو اللذة، نضع اللهُ جانبًا. نقول لأنفسنا إنها مجرد لحظة فقط ونكذب على أنفسنا وفي النهاية نهجر اللهُ. يستخدم الكتاب المُقدَّس كلمات ربما نظن أنها قاسية، ولكنه يسمينا في هذه الحالة زُناة، قائلًا إننا نزني وراء أشياء أخرى.

نحن نخون اللهُ من اليمين ومن اليسار ومن كل ناحية.

كلمات قوية، ولكن الواقع قاسي!

جاكي

بعدما تركها فرانك، كانت والدة جاكي مصدر عون لها، ولكن لم ترجع الأمور لسابقها؛ كانت الحياة قاسية

عليها لكونها وحيدة. صارعت جاكي حقًّا، ولكن بغض النظر عن مدى رغبتها في أن تجعل علاقتهما تنجح، لم يتجاوب فرانك - لأنه لم يقدر أن يغفر لها. كانت الحياة تنهار ببطء قبل المحاكمة، ولكنها الآن إذ أصبحت إنسانة مسيحيَّة، أصبح هو أكثر عدوانية. هي تعرف أن ما فعلته كان خطأً، ولكن لا شيء تقوله أو تفعله يبدو أنه يصلح الوضع. لقد قالت إنها آسفة مليون مرة ولكنه لم يسامحها... كان من الصعب عليها مواجهة الحقيقة. في النهاية لم يكن لديها خيار سوى أن تقبل الأمر الواقع. لكنها كانت وحيدة وكانت تفتقده.

توضيح

كانت جاكي تنفق المزيد والمزيد من الوقت على وسائل التواصل الاجتماعي. عادت للاتصال بصديق دراسة قديم والذي عندما اكتشف أن جاكي أصبحت عزباء مرة أخرى اقترح أن تجرب برامج المواعدة على الإنترنت. تردَّدت جاكي في البداية وتساءلت ما إذا كان هذا صوابًا بالنسبة لها كإنسانة مسيحيَّة. «ما هي القواعد الآن؟» قضت وقتًا لتزن الأمر في ذهنها - خمس دقائق لأكون أمينة. هل سيكون اللهُ سعيدًا بهذا؟

كلما فكرت جاكي في الأمر كلما بدأت تخبر نفسها: «ماذا لدي لأخسره؟» لذا سجَّلت اسمها في إحدى المواقع. في البداية كانت مجرد رسالة غريبة لأحد الرجال. لم تنفق حقًّا وقتًا طويلًا للعمل على صفحتها الشخصية، ولكن كلما زاد وقت محادثاتها مع الرجال

علـى الرسـائل الخاصــة، كلمـا زاد الوقـت الـذي تقضيـه علـى الإنترنـت بـدلًا مـن أن تقضيـه مـع أولادهـا. سـرعان مـا أصبـح هـذا أول شـيء تفعلـه فـي الصبـاح، وفـي كل لحظـة فـراغ لديهـا، وآخـر شـيء فـي الليـل. كانـت الأحـوال تسـوء جـدًّا لدرجـة أن جاكـي قامـت بشـحن باقـة هاتفهـا كثيـرًا لكـي تتمكـن مـن تفقُّـد رسـائلها طـوال الوقـت. لـم تكـن جاكـي قـد وافقـت حتـى الآن علـى الخـروج فـي لقـاء للمواعـدة، لكنهـا أحبـت فقـط هـذه المحادثـات. حيـث قالـت لنفسـها: «مـن الجيـد الحصـول علـى الطـرف الذكـوري فـي المحادثـة». لـو كانـت أمينـة مـع نفسـها لكانـت اعترفـت بأنهـا كانـت تسـتمتع بالمغازلـة. أحيانًـا كانـت المحادثـات تصبـح جنسـية قليـلًا، مـع تعليقـات ذات إيحـاءات جنسـية. لـم تـرَ جاكـي أن هـذا يمثِّـل مشـكلة فـي الحقيقـة؛ فلـم يكـن الأمـر كمـا لـو كانـت تمـارس الجنـس، علـى أي حـال. قالـت لنفسـها: «الأمـر فقـط عبـارة عـن تخيُّـلات». عندمـا حاولـت الفتيـات مـن الكنيسـة الالتقـاء بهـا، كانـت مشـغولة جـدًّا. حتـى أنـه فاتهـا يـوم الأحـد الوحيـد فـي الأسـبوع. فقـد كانـت مسـتيقظة حتـى وقـت متأخـر مـن الليـل ترسـل رسـائل وكانـت متعبـة للغايـة ولم تقدر أن تصحو وحسب.

تَوَقَّف

من أو ماذا أصبح أهم من اللهُ بالنسبة لجاكي؟

نحـن لا نسـتيقظ ذات صبـاح لنجـد أنفسـنا قـد أصبحنـا فجـأة علـى بُعد عشـرة أميـال مـن اللهُ، والانحـراف بعيـدًا عنـه لا يحـدث بيـن ليلـة وضحاهـا. بينمـا نقـرأ قصـة جاكـي، حـدث الانحـراف قليـلًا فقليـلًا. لقـد أعطـت عواطفهـا لشـيء وشـخص آخـر. لأنـه حيـث كان اللهُ هـو الأهـم

بالنسبة لها، أصبحت الآن لذة الشعور بالحب من رجل آخر هي الشيء المسيطر – أصبح هذا هو ما يسوق تصرفاتها. نحن مدعوّين لنكون أمناء في عواطفنا من نحو اللهُ وأن نحبه هو أولًا. ينبغي ألا نسعى وراء الأوثان، بل أن نكون مطيعين تمامًا لله -التزام بنسبة ١٠٠٪ هو ما يريده الله.

جاكي

بعدما شعرت بالتحدي الحقيقي ذات يوم، أدركت جاكي أنها كانت حمقاء تمامًا، وعندما ساد الهدوء في المكان صلَّت وطلبت من اللهُ أن يغفر لها. وعندما تحدثت عن الأمر مع صديقتها مريم فيما بعد، اعترفت كم كانت تفتقد فرانك حقًّا وكم كانت تشعر بالوحدة. «أعرف أن اللهُ أكثر أهمية بالنسبة لي من أي رجل. أنا فقط أجد صعوبة في تذكُّر هذا».

تَوَقَّف

من أو ماذا أصبح أكثر أهمية بالنسبة لك من اللّه؟ هل سلمت عواطفك لشيء أو شخص آخر؟

يقول يسوع إنه علينا أن نحب اللهُ من كل نفوسنا، وكل قلوبنا، وكل فكرنا، وكل قدرتنا (مرقس ١٢: ٣٠). أي بكل كياننا، لا أن ننحي اللهُ جانبًا قليلًا، أو أن يكون شيئًا نتناوله يوم الأحد صباحًا ومساء الأربعاء، كما لو كانت علاقة لجزء من الوقت. كلا، فهو يريد كل حياتك.

«**وَتُحِبُّ الرَّبَّ إِلهَكَ مِنْ كُلِّ قَلْبِكَ، وَمِنْ كُلِّ نَفْسِكَ، وَمِنْ كُلِّ فِكْرِكَ، وَمِنْ كُلِّ قُدْرَتِكَ**». (مرقس ١٢: ٣٠)

علينا لا أن نكون فقط أمناء لله، بل وكذلك أمناء **لبعضنا البعض**. علينا أن نكون صادقين في كلامنا حتى لو كلفنا ذلك وقتًا كثيرًا أو سبب لنا الألم. في الأمور الكبيرة والأمور الصغيرة. يقول لوقا ١٦: ١٠: «**اَلأَمِينُ فِي الْقَلِيلِ أَمِينٌ أَيْضًا فِي الْكَثِيرِ، وَالظَّالِمُ فِي الْقَلِيلِ ظَالِمٌ أَيْضًا فِي الْكَثِيرِ**».

الأمانة تولد في أمور الحياة الصغيرة بينما نستمر في التقدُّم ببطء ولكن بثبات؛ هذا ما نفعله عندما لا يكون هناك من ينظر.

الأمر يتعلق بأسلوب إدارتنا لمقدار المال البسيط الذي نملكه، كيف لا نزال نعطي لعمل اللهُ بغض النظر عن قلَّة المال الموجود، كيف نخبر بالحقيقة حتى في أمور الحياة التي تبدو عارضة أو لا أهمية لها، كيف نسحق هذه الفكرة التي لا تفيد قبل أن تحول لشيء هائل... اللهُ يكرم هذا النوع من الأمانة.

«**وَإِنْ سَمِعْتَ سَمْعًا لِصَوْتِ الرَّبِّ إِلهِكَ لِتَحْرِصَ أَنْ تَعْمَلَ بِجَمِيعِ وَصَايَاهُ الَّتِي أَنَا أُوصِيكَ بِهَا الْيَوْمَ، يَجْعَلُكَ الرَّبُّ إِلهُكَ مُسْتَعْلِيًا عَلَى جَمِيعِ قَبَائِلِ الأَرْضِ**». (تثنية ٢٨: ١)

تَوَقَّف

في رأيك ماذا يحدث عندما لا تشعر ببركات الرب في حياتك؟

عندما نعصى ونكون غير أمناء تكون هناك نتائج - علينا أن نتحمل العواقب، كما ستقول أمي. نحن لا نحب أن نفكر في النتائج في عنفوان اللحظة، عندما تزن أذهاننا الحكمة مقابل الحماقة، أو عندما نريد أن نرقد وراء أمور خاطئة.

ولكن لا يمكننا أن نتوقع أن نمضي قدمًا في حياتنا المسيحيَّة بينما نعصي لله.

الأمر لا يسير هكذا.

فكِّر في الأمر: إذا خان رجل زوجته مرارًا وتكرارًا، هل نتوقع منهما حقًّا أن تكون لديهما علاقة صحيحة؟ هل نظن أنها ستثق به؟ هل سيكون التواصل فيما بينهما جيدًا؟ مطلقًا! نفس الشيء بالضبط ينطبق على علاقتنا مع اللهِ. **عندما نكون في خطية نُصِر عليها وفي حالة عصيان إرادي، لا يمكن أن تكون علاقتنا مع اللهُ صحيحة، حيث لن يأتمننا على شيء، وسيكون تواصلنا معه مفقودًا تمامًا.** ربما ننظر إلى حياتنا ونفكر أنه ينبغي أن نتقدم أكثر في مسيرتنا مع المسيح. ربما رغم أننا نصلِّي بمثابرة إلا أننا لا نشعر بأننا قريبون من اللهُ. وقد يكون السبب أننا غير أمناء. نحتاج أن نتوقف عن الرقد وراء أشياء أخرى.

«إِنِ اعْتَرَفْنَا بِخَطَايَانَا فَهُوَ أَمِينٌ وَعَادِلٌ، حَتَّى يَغْفِرَ لَنَا خَطَايَانَا وَيُطَهِّرَنَا مِنْ كُلِّ إِثْمٍ». (١يوحنا ١: ٩)

النقطة الأساسية

عندما نجري ونسعى وراء شهوات قلوبنا نصبح غير أمناء مع الله. ينبغي أن نتوب ونعترف ونرجع إلى أمانتنا مع الله.

آيات للحفظ

«لِنَتَمَسَّكْ بِإِقْرَارِ الرَّجَاءِ رَاسِخًا، لأَنَّ الَّذِي وَعَدَ هُوَ أَمِينٌ». (العبرانيين ١٠: ٢٣)

نحن شعب غير أمين ولكن المسيح سوف يثبِّتنا. لذلك دعونا نتجاوب بأن نعبده بأمانة بكل ما نملك! دعونا نتمسَّك باعترافنا. دعونا نعبده بحب. دعونا نحبه أكثر من أي شيء آخر. دعونا نسجد له بكل ما لدينا – لأنه مستحق!

مُلخَّص

كثيرون منَّا لن يأتي في بالهم أن يكونوا غير أمناء لشخص يحبونه، ومع ذلك كثيرًا جدًّا ما نكون غير أمناء من نحو اللهُ. الله أمين تمامًا وكليًّا. هو دائمًا شخص يمكن الوثوق به، وجدير بثقتنا، ولا يتغيَّر أبدًا، ويحفظ كلمته بالكامل، ومخلص بلا تردُّد من نحو شعبه. في ضعفنا، بسبب أمانته، يغفر المسيح لنا. يا للتشجيع الذي نشعر به من هذا! سوف يثبِّتنا إلى النهاية لأنه أمين. لا يقدر أن ينكر نفسه (٢تيموثاوس ٢: ١٣).

ما المقصود؟

ينبغي أن ينمو المسيحيُّون في الوداعة.

٨- أن نكون ودعاء يعني فقط أننا ضعفاء، أليس كذلك؟

«وَأَمَّا ثَمَرُ الرُّوحِ فَهُوَ: مَحَبَّةٌ فَرَحٌ سَلاَمٌ، طُولُ أَنَاةٍ لُطْفٌ صَلاَحٌ، إِيمَانٌ وَدَاعَةٌ تَعَفُّفٌ. ضِدَّ أَمْثَالِ هذِهِ لَيْسَ نَامُوسٌ». (غلاطية ٥: ٢٢-٢٣)

عندما كنت مسيحيَّة شابة لم أفهم تمامًا معنى الوداعة. بالنسبة لنا نحن البنات ظننت أنها تعني أنه ينبغي أن نكون خجولات وهادئات تمامًا، أتفهم ماذا أعني؟ النوع اللطيف والهادئ - الناعم! بالنسبة للرجال ظننت أن الوداعة تعني أن يكانوا خصوم ضعفاء لا يتصدُّون أبدًا لأي شخص ولا يسبِّبون المشاكل البتَّة. وضع الفانيليا، كما أسميه - ضعيف، وممل ورتيب.

تَوَقَّف

ما هي أول كلمة تقفز إلى ذهنك عندما تُسأل عن معنى الوداعة؟

🔑 «تَعَالَوْا إِلَيَّ يَا جَمِيعَ الْمُتْعَبِينَ وَالثَّقِيلِي الأَحْمَالِ، وَأَنَا أُرِيحُكُمْ. اِحْمِلُوا نِيرِي عَلَيْكُمْ وَتَعَلَّمُوا مِنِّي، لأَنِّي وَدِيعٌ وَمُتَوَاضِعُ الْقَلْبِ، فَتَجِدُوا رَاحَةً لِنُفُوسِكُمْ. لأَنَّ نِيرِي هَيِّنٌ وَحِمْلِي خَفِيفٌ».
(متى ١١: ٢٨-٣٠)

تَوَقَّف

كيف وُصف يسوع في إنجيل متى؟

نعرف أنه لا يمكن أن يوصف يسوع، الذي هو الله، بأنه ضعيف - بالمعنى الذي وصفته أعلاه. ببساطة هذا ليس صحيحًا ولم تكن لديه أيَّة مشكلة البتَّة في أن يتصدَّى لأي شخص. فقد تصدَّى مرارًا وتكرارًا عندما لزم الأمر للقادة الدينيين وقد انتقدهم صراحة في وجوههم. مثلما نجد في متى ٢٣: ١٣ عندما يقول: **«لكِنْ وَيْلٌ لَكُمْ أَيُّهَا الْكَتَبَةُ وَالْفَرِّيسِيُّونَ الْمُرَاؤُونَ! لأَنَّكُمْ تُغْلِقُونَ مَلَكُوتَ السَّمَاوَاتِ قُدَّامَ النَّاسِ»**. قطعًا ليست هذه صورة شخص ضعيف! إذن، إن كان وصفك للوداعة يشبه كثيرًا نسختي عندما كنت مسيحيَّة شابة، فأنت بحاجة إلى أن تعيد التفكير في معناها وتأثير هذا على حياتك.

تتعلق الوداعة بالأكثر بالقوة تحت السيطرة، مثل كبح جماح نفسك لأجل فائدة الآخر.

🔵 توضيح

كانت صديقة جاكي، أديل، تذهب إلى صالة الألعاب الرياضية لسنتين. واحد من الفصول المفضَّلة لديها هناك حلقات الملاكمة.

يتكوَّن الفصل من عدَّة محطات، كل واحدة عبارة عن مهمة مختلفة مثل التدريب على الحبل وتمارين القوة الأساسية، ولكن أكثر شيء مفضَّل لديها كان عندما ترتدي القفازين وتدخل في مباراة ملاكمة مع متدرِّب آخر. رغم أنها قصيرة إلا أنه كان بإمكانها أن ترد بمجموعة لكمات وكانت تشتهر بعدم التراجُع. لقد أصابت بعض الرؤوس بالارتجاج.

هذا الأسبوع أحضرت أديل جاكي معها. حيث قررت جاكي أن تترك الأمر وتمضي في حياتها. ودعونا نواجه الأمر، إن كان أي شخص سينظر إليها مرتين، كان سيجد أنها بحاجة إلى أن تدرك مشكلتها وتتعامل معها بشكل فعَّال. كانت جاكي قلقة قليلًا لأنها لم تحضر درس رياضة من قبل، ولكن أديل أبقتها على المسار الصحيح.

ذهب الاثنان معًا بينما تفقَّدا نواحي التدريب المختلفة. عندما وصلتا إلى محطة الملاكمة قالت جاكي: «تذكري، إنني مبتدئة - تساهلي معي». لذا، أمسكت أديل لكماتها، متساهلة مع جاكي معطية لها الفرصة للعمل على تقنية اللعب.

دعونا نفكر في هذا المثل التوضيحي. طلبت جاكي من أديل أن «تتساهل معها» - أي أن تكون لطيفة. لم تكن تقول إن أديل ضعيفة، لكنها كانت تطلب منها أن تكبح قوتها من أجلها. كانت أديل أكثر من قادرة على أن تطلق قدراتها، لقد كانت أكثر من قادرة على الملاكمة، ولكنها أمسكت قوتها لأجل منفعة جاكي.

من السهل على شخص قوي الشخصية أن يستخدم قوته للحصول على ما يريد، أن يتفوَّق ويطغى على شخص آخر، ولكن ليست هذه هي القوة الحقيقية، أليس كذلك؟ هذه مجرد عجرفة وقسوة وانتهازية، بل وربما نصفه بالتنمر. هناك إغراء بالنسبة للأقوياء أن يقللوا من حجم تصرفاتهم ويلتمسوا العذر لسلوكهم، إذ يقولون ببساطة «هذه طبيعتي فحسب». ولكن، كما كنا نستكشف معًا طوال هذا الكتاب، هذا عذر كسيح ليست له أيَّة أرجل. ببساطة ليس من الجيد بما يكفي أن نتغاضى عن الأمر فحسب كما لو كان غير مهم. إن خاف شخص ما، أو قلق من أن يشارك برأيه أمامك، إذن، هناك شيء خطأ.

هذا هو سبب تجنُّبي كتابة هذا الفصل. بصفتي شخصية قوية وصعبة بشكل واضح أمضيت الكثير من الوقت في التأمُّل في ثمر الوداعة. يقترح جيري بريدجز في كتابه «الحياة المثمرة» أن الوداعة ليست صفة مثل المحبة أو طول الأناة نصلِّي من أجلها، ولكن هذا لن ينطبق عليَّ. في الواقع، أعتقد أن هذا ينطبق على كل الثمار التي ناقشناها حتى الآن، لقد صلَّيت لأجل الوداعة أكثر من أي ثمرة أخرى. إنني أعي تمامًا مَن أكون ونقاط قوتي ونقاط ضعفي.

عندما كنت مسيحيَّة شابة ظننت أنه عليَّ أن أنسجم وأكون مثل المحيطين بي. فكبحت شخصيتي الحقيقية كثيرًا جدًّا لدرجة أنني أصبحت شخصية عادية لا تُرى، مجرد ظل لنفسي السابقة. أحزنني هذا جدًّا – كان أمرًا مؤلمًا بصورة ساحقة. كنت مثل وتد مستدير يحاول أن ينسجم في حفرة مربعة. لم يكن هذا الفكر نافعًا، وإن كنت تقرأ هذا وتفكر: «يا رجل، هذا بالضبط هو ما أشعر به. لقد سئمت من التظاهر بأنني شخص لست ما أنا عليه»، إذن كف عن هذا.

ليس هذا مفيدًا ولا هذه أمانة.

لقد خلقنا اللهُ بشكل مهيب ورائع لغرضه.

وهو يعرف ماذا يفعل.

«وَلكِنْ بِنِعْمَةِ اللهِ أَنَا مَا أَنَا، وَنِعْمَتُهُ الْمُعْطَاةُ لِي لَمْ تَكُنْ بَاطِلَةً، بَلْ أَنَا تَعِبْتُ أَكْثَرَ مِنْهُمْ جَمِيعِهِمْ. وَلكِنْ لاَ أَنَا، بَلْ نِعْمَةُ اللهِ الَّتِي مَعِي». (١كورنثوس ١٥: ١٠)

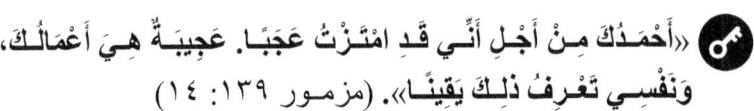

«أَحْمَدُكَ مِنْ أَجْلِ أَنِّي قَدِ امْتَزْتُ عَجَبًا. عَجِيبَةٌ هِيَ أَعْمَالُكَ، وَنَفْسِي تَعْرِفُ ذلِكَ يَقِينًا». (مزمور ١٣٩: ١٤)

أحب بصفة خاصة ما يشدِّد عليه بولس بشأن شخصيته في ١كورنثوس ١٥: ١٠: **«أَنَا مَا أَنَا، وَنِعْمَتُهُ الْمُعْطَاةُ لِي لَمْ تَكُنْ بَاطِلَةً»**. يذكِّرنا هذا بأنه مهما كان الأمر، نعمة اللهُ تؤثر علينا، لذا لا يمكننا أن نلتمس العذر لسلوكيَّاتنا الخاطئة لمجرد أننا نوعية خاصة من الشخصيات. بصفة ثابتة في كل العهد الجديد نجد آية تلو الأخرى تتكلم عن الوداعة واللطف، وتشدِّد على أنهما شيء ينبغي أن نسعى وراءه.

غلاطية ٥ واضحة: الوداعة صفة في الله وينبغي أن نظهرها في حياتنا – جميعًا.

ليس فقط المزعج، الغضوب، الصاخب، المشاكس، سريع الانفعال، القاسي، الصريح، اللاذع، صاحب الشخصية الصعبة، البليد الإحساس، والمخيف، وإنما جميعا. ليست هذه ثمرة فقط لنوعية معيَّنة من المسيحيِّين، وإنما لكل المسيحيِّين.

تَوَقَّف

مـن تجـد أنهـم أصعـب أشـخاص يمكنـك أن تكـون وديعًـا معهـم – لمـاذا؟

٥ توضيح

أثنـاء وقوفهمـا خـارج جنـازة مـاري، كانـت نـان وجاكـي يتبـادلان أطـراف الحديـث. قالـت جاكـي: «لقـد حَصَلَـت علـى حفـل وداع جيـد اليـوم». نظـرت إليهـا نـان وتوقفـت لثانيـة قبـل أن تنفجـر قائلـة: «لقـد كان القـس الـذي كان يقـود الخدمـة غريبًـا إلـى حـد مـا، ألا تظنيـن ذلـك؟ والزهـور – فيـم كانـوا يفكـرون؟ ليـس مـن الضـروري أن تكـون هنـاك كل هـذه الزهـور؛ لقـد أهدروهـا فحسـب. لا أعلـم فيـم كانـوا يفكـرون – هل يظنـون أن مـاري ستراهم؟ لا بـد أنهـم أنفقـوا ثـروة على هـذه الزهور. يـا لـه مـن تبذيـر تـام للمـال. مـاذا يقولـون عندمـا يحـاول شـخص مـا أن يُفـرِط فـي التعويـض عـن شـيء مـا، هـذا هـو مـا حـدث اليـوم – كان ينبغـي أن يعطوهـا هـي مزيـدًا مـن الاهتمـام بينمـا كانـت علـى قيـد الحياة...» وقبل أن تحظى نان بالفرصة لتتابع كلامها، أسكتتها جاكي قائلة: «يـا نـان، النـاس سـوف تسـمع. أنت ليسـت هادئة، أليس كذلـك؟» قالت نان وهـي متضايقـة لأن جاكـي قاطعـت حديثهـا: «أنـا فقـط أصـف الوضـع. هـذه هـي الحقيقـة!»

ربمـا تكـون نـان قـد أصابـت لـب الحقيقـة أو ربمـا كانـت شـخصية عنيفـة تحتـاج أن تتـوب وتحتفـظ برأيهـا لنفسـها. سـواء قالـت الحقيقـة أم لا، فإنهـا تتكلـم دون أن تفكـر فيمـن يسـمعها. لـذا لا تُعَد نموذجًـا للوداعة.

لن يكبح المسيحيُّون الودعاء أنفسهم فقط لأجل منفعة الآخرين ولكنهم سيحترمون آراء ومشاعر الآخرين. سيكونون مُراعين، إذ يشغلون أذهانهم بالتفكير فيما سيقولونه قبل أن يقولوه، مفكِّرين ليس فقط في صدق كلماتهم ولكن كيف تُقال أيضًا. المسيحيُّون الودعاء يقولون الحق ولكن ليس بدون مراعاة لمن يسمع ولا كيف سيتم استقباله. إنهم لا يشعرون بالحاجة إلى التقليل من شأن أو إذلال أو النميمة بشأن مسيحي آخر وقع في الخطية؛ بل سيشعرون بالحزن لأجلهم ويصلون لأجل توبتهم (انظر غلاطية ٦: ١).

«فَالْبَسُوا كَمُخْتَارِي اللهِ الْقِدِّيسِينَ الْمَحْبُوبِينَ أَحْشَاءَ رَأْفَاتٍ، وَلُطْفًا، وَتَوَاضُعًا، وَوَدَاعَةً، وَطُولَ أَنَاةٍ». (كولوسي ٣: ١٢)

نحن شعب الله، ونحن من نمثِّله، وعلينا أن نلبس أنفسنا ونرتدي الوداعة. كما هو الحال مع كل هذه الفصول، نحتاج أن ننظر إلى أنفسنا بأمانة في طريقة كلامنا وتعاملنا مع الناس. ليس كافيًا بالنسبة لنا أن ندرك ونعترف بالأمر – نحتاج أن نتوب ونرجع إلى الله طالبين المساعدة. ينبغي أن نزرع الوداعة؛ نحتاج أن نطلب الرب لكي يساعدنا على إظهار روح الوداعة فينا.

تَوَقَّف

على مقياس من ٠-١٠ ما هو تقييمك لنفسك؟

أ – أستطيع دائمًا أن ألاحظ إن لم يكن الشخص على طبيعته.

ب – أستطيع أن أكون حسَّاسًا بالنسبة لمشاعر الآخرين.

ج – أُخيف الناس.

د – أنتقد الآخرين بشكل صريح.

هـ – أتفاخر دائمًا بأنني أقول الحقيقة كما هي – بغض النظر عمَّن يسمعني .

و – أتكلم مع الجميع باحترام.

ز – أتكلم باحترام فقط مع من يستحقون هذا الاحترام.

ح – أنا بليد وفظ.

ط – أصغي لكي أجادل بالمنطق.

ي – دائمًا ما أشارك بوجهة نظري ولا أتراجع البتَّة.

ك – يمكن أن أشعر بالاستياء ممن يعارضونني.

تَوَقَّف

ما هي جوانب الوداعة التي تحب أن تظهرها وتطوِّرها في نفسك؟

النقطة الأساسية

الوداعة سمة تعني أن أفكر دائمًا في «كيف يمكنني أن أستخدم قوتي وقدراتي لخدمة الآخرين؟»

آيات للحفظ

«بَلْ قَدِّسُوا الرَّبَّ الإِلهَ فِي قُلُوبِكُمْ، مُسْتَعِدِّينَ دَائِمًا لِمُجَاوَبَةِ كُلِّ مَنْ يَسْأَلُكُمْ عَنْ سَبَبِ الرَّجَاءِ الَّذِي فِيكُمْ، بِوَدَاعَةٍ وَخَوْفٍ». (١بطرس ٣: ١٥)

مُلخَّص

يمكن أن تظن عقولنا الملتوية أن الوداعة مجرد كلمة أخرى تعبِّر عن الضعف. لكن الوداعة تتعلق بالأكثر بالقوة تحت السيطرة، مثل كبح جماح أنفسنا لأجل منفعة الآخر، أو أن نكون مراعين وأن نحترم الآخر فيما نقول والطريقة التي سيسمعه بها الآخر. إلهنا كُلِّي القدرة ليس قاسيًا أو متصلِّف أو انتهازي. إنه وديع تجاهنا وينبغي أن نتشبَّه بوداعته في طريقة اهتمامنا ببعضنا البعض.

ما المقصود؟

ينبغي أن ينمو المسيحيُّون في ضبطهم لأنفسهم.

٩- القيام بالمطلوب حتى عندما لا تريد ذلك: ضبط النفس (التعفُّف)

«وَأَمَّـا ثَمَـرُ الـرُّوحِ فَهُـوَ: مَحَبَّـةٌ فَـرَحٌ سَـلاَمٌ، طُـولُ أَنَـاةٍ لُطْـفٌ صَـلاَحٌ، إِيمَـانٌ وَدَاعَـةٌ تَعَفُّـفٌ (ضبـط النفـس). ضِـدَّ أَمْثَـالِ هـذِهِ لَيْـسَ نَامُـوسٌ». (غلاطيـة ٥: ٢٢-٢٣)

لا تغيب عنـي المفارقـة الساخرة لأكلـي الأيس كريـم مـن وعـاء بيـن وجيـري أثنـاء كتابـة فصـل عـن ضبـط النفـس. بينمـا أكتـب هـذا الفصـل يتبقـى أسـبوعان بالضبـط حتـى موعـد عيـد الميـلاد وقـد تناولـت بالفعـل عشـاء عيد الميـلاد. الأسـبوع التالـي سـأتناوله ثـلاث مـرات. إننـا نقـول لأنفسـنا كذبـة مفادهـا أنـه فـي ينايـر سـوف نكـون أفضـل حـالًا، وهكـذا نعطـي لأنفسـنا الإذن بالتمتُّـع بـكل ملـذَّات الاحتفـال بالأعيـاد والوجبـات اللذيـذة. وإذ لا نعبـأ بوزننـا، نجلـس علـى الأريكـة وفـي يدنـا علبـة مـن الشـوكولاتة ونشـاهد فيلـم «صـوت الموسـيقى» للمـرة المليـون، ونحشـو أفواهنـا بـلا توقُّـف. فنجـد أن القاعـدة التـي تقـول «واحـدة أخـرى فقـط» هـي التـي تسـود، مـع أننـا نعلـم أن «واحـدة أخـرى فقـط» تزيـد الرغبـة فـي الحصـول علـى واحـدة أخـرى غيرهـا.

ولكن ليس عيد الميلاد هو الوقت الوحيد الذي ينقصنا فيه ضبط النفس. نحتاج فقط أن نراقب طفلًا في متجر حلويات أو ألعاب بينما يطالب بكل ما يراه، متبوعًا بنوبة غضب هائلة عندما يُقال له لا. تخيَّل لو لم تكن هناك عواقب ولا توجد كلمة «لا»، العنان حر لفعل أي شيء والتهام أي شيء نتخيَّله بلا حدود. لجزء من الميللي ثانية تبدو هذه خطة جيدة – ثم نبدأ نفكر فيها. يستطيع الطفل أن يأكل كل الحلوى التي يحبها، ومدمن الكحوليات شُرب القدر الذي يريده، ويستطيع مدمن المخدرات أن يظل يستهلك ما يهواه، والفتاة أن تشتري ببطاقتها الائتمانية كل ما تراه، وأن ينفق المرء كل وقته على مشاهدة الأفلام الإباحية بينما ينحدر الذوق ويَظلَم الفكر شيئًا فشيئًا. عالم بلا ضوابط سيكون عالمًا فوضويًّا، كل من هب ودب يفعل ما يريده، بغض النظر عن التكلفة.

🔑 «وَمَهْمَا اشْتَهَتْهُ عَيْنَايَ لَمْ أُمْسِكْهُ عَنْهُمَا. لَمْ أَمْنَعْ قَلْبِي مِنْ كُلِّ فَرَحٍ، لأَنَّ قَلْبِي فَرِحَ بِكُلِّ تَعَبِي. وَهذَا كَانَ نَصِيبِي مِنْ كُلِّ تَعَبِي». (جامعة ٢: ١٠)

🔑 «فِي تِلْكَ الأَيَّامِ لَمْ يَكُنْ مَلِكٌ فِي إِسْرَائِيلَ. كُلُّ وَاحِدٍ عَمِلَ مَا حَسُنَ فِي عَيْنَيْهِ». (قضاة ٢١: ٢٥)

تَوَقَّف

فكّر في أفسس ٤: ١٩. ماذا تقول عن تكلفة عيش حياة بلا قيود أو خارجة عن السيطرة؟ في رأيك ما هي إيجابيات وسلبيات العيش بلا قيود؟

سواء كانت الكيلوجرامات الزائدة التي يكتسبها جسدنا، أو تسوُّس الأسنان؛ أو في أقصى الطرف البعيد، إدمان المخدرات أو تليُّف الكبد، نجد أن عدم ضبط النفس دائمًا تكون له تكلفة. كتب إد ويلش في مقالة عن ضبط النفس يثبت فكرة مُلفتة للنظر إذ قال: «صحيح أن مدمنين كثيرين، عندما ينفضح إدمانهم السري، ويشعرون بالألم، ولكن في أغلب الأحيان يكون الألم نتيجة وقوعهم وفضح أمرهم وليس نتيجة كراهيتهم للمواد المُخدِّرة».[١] يأتي العيش بلا ضوابط بتكلفة سواء اعترفنا بهذا أم لا. ولكن كما يشير إد، من يقلقون فقط بشأن الألم المباشر الذي يأتي من فضح أمرهم وضبطهم ينسون تمامًا التكلفة الحقيقية لتصرفاتهم – تكلفة ربما تدفعها عائلاتهم وليس هم. من غير المرجَّح أن تعترف الأم المدمنة على المخدرات لنفسها بأنها تحب مخدراتها أكثر من أطفالها، ولكن عندما يذهبون للحصول على طعام ويجدوا خزانة الطعام فارغة، تصبح الحقيقة جلية. ربما تشعر بالسوء، بل وقد تشعر بالفاجعة لأنها خذلتهم مرة أخرى، ولكن ليس بصورة كافية حتى تقلع عن حبها الأول – المخدرات. «ولكن، الحقيقة هي أنه بغض النظر عن مأسوية نتائج الخطية، هناك بعض اللَّذة فيها».[٢]

---

1 Ed Welch, "Self-Control: The Battle Against "One More", The Journal of Biblical Counseling, Volume 19, Number 2 (Winter 2001), 25.

٢ المرجع السابق.

دائمًا ما نقلّل من قدر الخطية وجاذبيتها لنا. الخطية جذَّابة ولذيذة؛ حسنًا، على الأقل في البداية. نقرأ في العبرانيين ١١: ٢٥ أن لذة الخطية عابرة.

ربما تكون لذيذة ولكن اللَّذة مؤقتة.

إننا نكذب على أنفسنا قائلين إنه بعد مرة واحدة فقط سوف نشبع. في الواقع كل ما يحدث هو أننا نزيد رغبتنا في «مرة أخرى». الخطية لا تُشبِع أبدًا، فهي دائمًا تتركنا راغبين في المزيد. تقول أفسس ٤: ١٩: «**اَلَّذِينَ إِذْ هُمْ قَدْ فَقَدُوا الْحِسَّ أَسْلَمُوا نُفُوسَهُمْ لِلدَّعَارَةِ لِيَعْمَلُوا كُلَّ نَجَاسَةٍ فِي الطَّمَعِ**».

نحن لا نشبع أبدًا.

في النهاية ما نقوله هو أن اللهَ لا يكفينا.

تَوَقَّف

في رأيك كيف يمكننا أن نتأكَّد من أن النسخ التي اعتبروها للمخطوطات الأصلية كانت دقيقة تمامًا؟

ضبط النفس يعني العيش داخل الحدود التي رسمها اللهُ في مكانها السليم لخيرنا، وحمايتنا، وسلامتنا ولمجده.

٥ توضيح

أخذت جاكي فرانكي الصغير لتزور العمة العجوز مونا ذات يوم. جاكي تحب العمة مونا رغم أنها لا تزال تعيش في العصور

الوسطى – فهي لا زال لديها المدفأة قديمة الطراز التي تعمل بالفحم والغلاية الخلفية في غرفتها. تصوَّر المشهد. فرانكي الصغير يحب منظر النار. منذ أن رآها لأول مرة افتتن بمنظر اللهيب المتراقص. هو يعلم أن عليه ألَّا يلمسها، ولكن اليوم لم يقدر أن يقاوم. وببطء مد يده الصغيرة السمينة ليلمسها. قالت جاكي: «كلا يا فرانكي، ستحرقك، ستحرقك!» سحب فرانكي الصغير يده بسرعة، حزينًا لأنه لا يقدر أن يلعب بالنار المتوهجة. انتظر فرانكي الصغير بقدر ما يمكنه. وإذ هو مولع بالنار، حاول مرة أخرى. فقالت جاكي، بحزم أكبر هذه المرة: «فرانكي، قلت لا!» كلنا نعلم كيف ينتهي هذا. هذا أبسط أنواع الأمثلة التوضيحية ولكنه فعَّال. فرانكي الصغير يعي تمامًا أنه غير مسموح له بأن يلمس النار. لكنه لا يعي أن الحدود موجودة لأجل حمايته وسلامته، ولكنه ببساطة، في عقله الطفولي المليء بالتحدي، يظن أن ماما سخيفة، تمنع عنه لذَّة جديدة. فقط عندما يحدث الأمر وتحترق أصابعه يتعلَّم الدرس ويعيش داخل الحدود التي تضعها جاكي.

جاكي

أنا سعيدة لأن مونا كانت موجودة لتعالج أصابعه. أما أنا فقد فقدت السيطرة على تفكيري وأعصابي. لم يسر فرانك أيضًا لكون الفتى الصغير قد أذى نفسه، ولكنني أتعلَّم ألَّا أنجاوب مع ملاحظاته الساخرة طوال الوقت. لا أظن أن فرانك يعلم كيف يتعامل معي الآن، فأنا لم أعد أصرخ في وجهه طوال الوقت.

هل تتذكر عندما كنت طفلًا وترى البناة يضعون الأسمنت الرطب؟ كان ناعمًا بشكل جميل، ورغم أنك تعرف أنه ينبغي ألا تفعل هذا، كنت تضع يدك لتطبع صورتها عليه فحسب، تاركًا صورة يدك هناك ليراها أولادك. أو عندما تكون في المتنزه واللافتة تقول «ممنوع السير على الحشائش»، ولكنه أقصر طريق وكل الناس تفعل هذا.

إن كان هناك خط مرسوم على الرمل، فما يغرينا جميعًا هو أن نسير عليه.

نحن نقاوم الحدود ونظن أن أي شيء يشبه القواعد هو مجرد اقتراح.

نحن نرى الحدود كنوع من العقاب الشرير أو نوع من الكبح لحقوقنا، وبصورة ما، أو بشكل ما، نقنع أنفسنا أنها انتهاك لحريتنا الشخصية. حتى عندما نعرف أنها لأجل حمايتنا وخيرنا يكون بداخلنا إغراء لأن نفعلها لنسر أنفسنا. في الأساس، عادة ما تقف الحدود في طريقنا ونحن نحاول الحصول على شيء نريده، أو نظن أننا نحتاجه وبالتالي ينبغي أن نحصل عليه، وهو ما يعني أنها لا بد أن تكون شيئًا سيّئًا.

«مَدِينَةٌ مُنْهَدِمَةٌ بِلاَ سُورٍ، الرَّجُلُ الَّذِي لَيْسَ لَهُ سُلْطَانٌ عَلَى رُوحِهِ». (أمثال ٢٥: ٢٨)

سور المدينة يحمي الشعب الساكن فيها، ويبقيهم آمنين وسالمين. ولكن السور المنهدم يشبه واقي من النار مصنوع من الشوكولاتة.

نفس الشيء ينطبق على ضبط النفس.

إنه أمر موجود لفائدتنا وحمايتنا.

ربما يعني هذا أنه ينبغي علينا أن نفكر قبل أن نتصرف، ونقاوم الإغراء، نشرك أذهاننا، ولكننا نحتاج لذلك. سوف يكذب علينا الشرير، ويغزل حولنا خيط من الخداع. سوف يحاول أن يقنعنا بأن الخطية التي نحن على وشك الانغماس فيها ليست حقًّا بهذا السوء، وأن يمكن تبريرها بسهولة وأنها ليست خطأنا. سوف يجرِّبنا بأن يثير الشكوك في عقولنا، ملمِّحًا إلى أن اللهُ لا يجعل منفعتنا أهم شيء لديه وأنه لا يعرف أفضل شيء بالنسبة لنا. سوف ينتهز كل فرصة لجعلنا نحيد ونعبد المخلوق بدلًا من الخالق. المشكلة هي أنه ربما نكون نحن أسوأ عدو لأنفسنا! نرى هذا بوضوح في رسالة يعقوب عندما يقول:

«لاَ يَقُلْ أَحَدٌ إِذَا جُرِّبَ: «إِنِّي أُجَرَّبُ مِنْ قِبَلِ اللهِ»، لأَنَّ اللهَ غَيْرُ مُجَرَّبٍ بِالشُّرُورِ، وَهُوَ لاَ يُجَرِّبُ أَحَدًا. وَلكِنَّ كُلَّ وَاحِدٍ يُجَرَّبُ إِذَا انْجَذَبَ وَانْخَدَعَ مِنْ شَهْوَتِهِ. ثُمَّ الشَّهْوَةُ إِذَا حَبِلَتْ تَلِدُ خَطِيَّةً، وَالْخَطِيَّةُ إِذَا كَمَلَتْ تُنْتِجُ مَوْتًا». (يعقوب ١: ١٣-١٥)

يعقوب لا يترفَّق عندما يقول إن شهواتنا الشريرة هي التي تحبل وتلد الخطية. عندما لا نمارس ضبط النفس أو التعفُّف، وننغمس في شهوة قلوبنا، أيًّا كانت هذه الشهوة، فإننا نستسلم ونسلِّم أنفسنا بكل القلب لشيء غير اللهُ. نحن نحب شيئًا آخر غير اللهُ ونسجد له وليس لله. وكما ترى، تصبح النتائج خطيرة.

لقد كان جيري بريدجز على حق بالتأكيد حين قال: «لن تكون التجارب الخارجية بهذه الخطورة تقريبًا لولا حقيقة أنها تجد حليفًا في الشهوة داخل صدورنا نحن».[٣]

تَوَقّف

في رأيك ماذا يريد جيري بريجدز أن يقول وكيف ترى هذا متجليًا في حياتك؟

«**لِذلِكَ يَا أَحِبَّائِي اهْرُبُوا مِنْ عِبَادَةِ الأَوْثَانِ**». ١كورنثوس ١٠: ١٤)

«**أُهْرُبُوا مِنَ الزِّنَا. كُلُّ خَطِيَّةٍ يَفْعَلُهَا الإِنْسَانُ هِيَ خَارِجَةٌ عَنِ الْجَسَدِ، لكِنَّ الَّذِي يَزْنِي يُخْطِئُ إِلَى جَسَدِهِ**». (١كورنثوس ٦: ١٨)

الكتاب المُقدَّس واضح: الأوثان خَطِرة ونحن نحتاج أن نهرب منها – نحتاج أن نفر! المشكلة هي أننا نهرب مما ينبغي أن نسعى وراءه ونسعى وراء ما ينبغي أن نهرب منه. لوقا واضح جدًّا في لوقا ٩: ٢٣: «وَقَالَ [يسوع] لِلْجَمِيعِ: «**إِنْ أَرَادَ أَحَدٌ أَنْ يَأْتِيَ وَرَائِي، فَلْيُنْكِرْ نَفْسَهُ وَيَحْمِلْ صَلِيبَهُ كُلَّ يَوْمٍ، وَيَتْبَعْنِي**»».

إن كنا تابعين ليسوع – تلاميذه – إذن فينبغي أن ننكر أنفسنا ونكون مطيعين. أنا أُدرك أن الأمر ليس سهلًا كما يبدو. لو كان سهلًا لحققّت حملة «فقط قل لا» المناهضة للمخدرات والتي أُقيمت في الثمانينيات في بريطانيا نجاحًا ضخمًا، ولما كان علينا أن ننصت للأغنية المخيفة

[3] Jerry Bridges, *The Fruitful Life*, 154. (Kindle Version).

لعشرات السنين. لو كان الأمر حقًّا بهذه البساطة، لكنا كلنا قادرين أن نسير بسهولة بعيدًا عن التجربة.

لم نكن لننظر إلى الكعكة المُغطَّاة بالكريمة مرتين.

كنا لنفضِّل الطعام على المخدرات في أي يوم من الأسبوع،

كنا سنقاوم إغراء النميمة،

كنا سنتجنَّب تحويل التلفاز إلى قناة البالغين، «عمدًا عن غير قصد»،

وكانت لتصبح كل كلمة تخرج من أفواهنا لبناء بعضنا البعض.

نحن بحاجة إلى العون. نحتاج إلى العون لنخوض المعركة ضد إنساننا العتيق ونعتمد تمامًا على المسيح.

تَوَقَّف

إذن كيف نفعل ذلك؟ كيف نمارس ضبط النفس؟

مؤخرًا كنت أستمع لعظة عن هذا الموضوع ألقاها رجل يُدعى أليستير بيج وقد عبَّر عن الأمر هكذا: «الحرية ليست أن تفعل ما تود فعله، بل هي الاستعداد أن تفعل ما هو صواب».[٤] حمدًا لله أننا لسنا بمفردنا في هذا.

الله، بروحه القُدُّوس، يضع الرغبة في قلوبنا.

[4] Alistair Begg, "The Fruit of the Spirit" series, No 9: Self-Control. https://www.truthforlife.org/resources/series/fruit-of-the-spirit/ Accessed April 2019.

النعمـة المعطـاة لنـا فـي يسـوع المسـيح هـي التـي تجعـل ضبـط النفـس ممكنًـا، ونحـن بحاجـة إلـى أن نعتمـد عليهـا. نحـن بحاجـة إلـى نعمـة اللهُ. يقـول إد ويلـش: «وحدهـا نعمـة اللهُ تأخـذ ضبـط النفس خـارج منطقـة إصـلاح الـذات اليائسـة إلـى منطقـة الثقـة العظيمـة فـي أنـه يمكننـا أن نكون أشخاصًا قد تغيَّرت حياتهم».[٥]

جاكي

هل تختلـف معركـة ضبـط النفـس مـن واحـد لآخـر بالنسـبة لنـا جميعًا ؟

كلنـا نصـارع ونزدهـر فـي مناطـق مختلفـة وكلنـا لدينـا نقـاط قـوة ونقـاط ضعـف مختلفـة. بعضنـا يخـوض الحيـاة ببسـاطة مبـدِّلًا وثنًـا بآخـر، غيـر مُعتـرف تمامًـا بالحـق أو مـدركًا حاجتـه إلـى أن يعتمـد علـى المسـيح. نحـن نحتـاج أن نكـون أمنـاء مـع أنفسـنا ومـع اللهُ. نقـرأ فـي أمثـال ٢٧: ١٢: «**الذَّكِـيُّ يُبْصِـرُ الشَّـرَّ فَيَتَـوَارَى. الأَغْبِيَـاءُ يَعْبُـرُونَ فَيُعَاقَبُـونَ**». نحـن نعلـم أننـا بحاجـة إلـى أن نكـون أمنـاء وأن نـدرك المخاطـر الموجـودة فـي ذواتنـا، وأن نقيِّـم احتياجنـا الروحـي، وأن نلجـأ إلـى المسـيح. نحتـاج أن نمتلكـه بتحمُّلنـا المسـؤولية وأن ندخـل أمـام اللهُ بالتوبـة والصـلاة، مسـلِّمين للسـلطان الـذي لـه علـى حياتنـا، وأن نعيـش بطاعـة داخـل الحـدود التـي أقامهـا.

[5] Ed Welch, "Self-Control: The Battle Against "One More", 30.

تَوَقَّف

ما هي الأفكار الخاطئة التي هاجمتك هذا الأسبوع؟ (شهوة، استياء، غضب، أنانية، شفقة على الذات، إلخ).

تدور معركة ضبط النفس في الأساس في أذهاننا.

ما يبدأ كفكرة صغيرة للغاية يمكن أن يتطوَّر بشكل سريع، وبدون رادع، ليصبح خطية. الأمر كما لو أن أذهاننا مضبوطة بشكل ممتاز على التجربة التي ستضغط على زر الخطية بداخلنا بأكبر قوة. نحتاج أن نصلِّي طالبين القوة حتى نكون «**مُسْتَأْسِرِين كُلَّ فِكْرٍ إِلَى طَاعَةِ الْمَسِيحِ**» (٢كورنثوس ١٠: ٥)، وحتى نقيِّد الشهوة بينما لا تزال جنينًا صغيرًا وألَّا نزوِّدها بالوقود لتصبح نارًا مشتعلة. **إن كنت تصارع مع ضبط النفس، تكلم مع مؤمن ناضج واطلب منه أن يصلِّي من أجلك حتى تكون مسؤولًا أمامه**. سوف يساعدك هذا الشخص على التفكير في أنماط تفكيرك وتصرفاتك، ليس لتوجيه الاتهامات لك، بل ليساعدك حتى تكون مستعدًّا للمعركة التالية – فهي آتية لا محالة. التحذير المسبق هو تسليح مسبق، وسبق المعرفة بالمخاطر أو المشاكل المحتملة يمنحك ميزة تخطيطية. فهذا يساعدنا حتى نستعد، ونقف بثبات وحتى نكون جاهزين لنهرب عند أول إشارة للتجربة. هذا هو شكل ضبط النفس.

النقطة الأساسية

ضبط النفس يعني أن نعيش داخل حدود الله وأن نخضع لقيادة المسيح بطاعة.

«فَـوْقَ كُلِّ تَحَفُّـظٍ احْفَـظْ قَلْبَـكَ، لأَنَّ مِنْـهُ مَخَـارِجَ الْحَيَـاةِ». (أمثال ٤: ٢٣)

جاكي

عندما أفكر في ضبط نفسي أعلم أن هذا أمر غير طبيعي. توجُّهي الغريزي هو أن أرد وأن أضرب بقوة وأعلِّق تعليقات مؤلمة وذكية. إنني أعترف وأصلِّي ليسوع حتى يغيِّرني لأنني لا أقدر أن أفعل هذا بقوتي - هذا صعب للغاية. ولكني أعرف أنني لست نفس الشخص الذي كنته يوم أصبحت مسيحيَّة. أنا أنمو ببطء وأتغيَّر وهذا يخيف الجميع، خاصة فرانك والأطفال. أعرف أنهم يرون الفرق ولا يقدرون أن يجدوا له تفسيرًا. أعرف أنهم مهتمون سرًّا وأنهم يولون الأمر انتباههم، حتى إنهم سألوني سؤالًا أو اثنين.

مثل جاكي، كإنسان مسيحي، تحتاج ألَّا تتكلم فقط وتناقش، بل أن تسير المسيرة بمعونة الرب. نحتاج أن نفعل أكثر من الاعتراف بالمسيح بكلماتنا؛ ينبغي أن نتغيَّر بعمله فينا. ينبغي أن يكون هو جليًّا في حياتنا، وإذا أصبح كذلك سوف نرى ثمر الروح. ربما يكون النمو والتغيير بطيئًا، ولكن كمسيحي عليك أن تصبح أكثر فأكثر مشابهًا للمسيح كل يوم. إن لم يكن هناك دليل على وجود اللهُ في حياتك، فسوف أتساءل بجدية بشأن خلاصك.

تَوَقَّف

هل أنمو في ثمر الروح؟

«أَنَـا أُحِبُّ الَّذِيـنَ يُحِبُّونَنِـي، وَالَّذِيـنَ يُبَكِّرُونَ إِلَـيَّ يَجِدُونَنِـي. عِنْـدِي الْغِنَـى وَالْكَرَامَـةُ. قِنْيَـةٌ فَاخِـرَةٌ وَحَـظٌّ. ثَمَـرِي خَيْـرٌ مِـنَ الذَّهَـبِ وَمِـنَ الإِبْرِيـزِ، وَغَلَّتِـي خَيْـرٌ مِـنَ الْفِضَّـةِ الْمُخْتَـارَةِ. فِـي طَرِيـقِ الْعَدْلِ أَتَمَشَّـى، فِـي وَسَـطِ سُبُلِ الْحَـقِّ، فَـأُوَرِّثُ مُحِبِّـيَّ رِزْقًـا وَأَمْـلأُ خَزَائِنَهُـمْ». (أمثـال ٨: ١٧-٢١)

عندمـا تصـارع، عندمـا تسـقط، عندمـا تقـع... ارقـد إلـى الله. تُـب، تعلـق بـه، واسـتمر فـي المضـي قدمًـا.

النقطة الأساسية

ضبـط النفـس يعنـي أنـه ينبغـي أن نعيـش داخـل الحـدود التـي رسـمها الله. فالحـدود التـي وضعهـا كانـت لأجـل خيرنـا، وحمايتنـا، وسـلامتنا ولأجـل مجـده.

آيات للحفظ:

«وَأَمَّـا ثَمَـرُ الـرُّوحِ فَهُـوَ: مَحَبَّـةٌ فَـرَحٌ سَـلاَمٌ، طُـولُ أَنَـاةٍ لُطْـفٌ صَـلاَحٌ، إِيمَـانٌ وَدَاعَـةٌ تَعَفُّـفٌ. ضِـدَّ أَمْثَـالِ هـذِهِ لَيْـسَ نَامُـوسٌ».
(غلاطية ٥: ٢٢-٢٣)

مُلخَّص

إننا نقلِّل من قدر الخطية وجاذبيتها لنا. الخطية جذابة ولذيذة (في البداية)، ولكن هذه اللذة لا تدوم أبدًا. إننا نكذب على أنفسنا قائلين «مرة واحدة فقط وسوف نشبع». كل ما يحدث هو أننا نغذِّي الشهوة ثم بعدئذ نريد المزيد. الخطية لا تُشبِع أبدًا، بل تتركنا دائمًا نريد المزيد. عندما نخطئ نحن نقول في الحقيقة أن اللهُ ليس كافيًا بالنسبة لنا. كمسيحيِّين ينبغي أن نعيش داخل الحدود التي رسمها اللهُ لنا. فهي موجودة لأجل خيرنا وحمايتنا وسلامتنا ولأجل مجده.

الخاتمة

عندما نصبح مسيحيِّين مؤمنين نتغيَّر حقًّا وننمو إذ نصبح مشابهين أكثر فأكثر ليسوع. ليس الأمر كما لو أننا قد أصبحنا بشرًا آليِّين مغسولي الأذهان تحوَّلنا فجأة إلى ظلال لذواتنا سابقًا. بل، إذ ننمو في معرفة يسوع أكثر فأكثر، وإذ يعمل الروح القدس في حياتنا، وإذ يتحدَّى اللهُ تفكيرنا وسلوكنا المراوغ، نتغيَّر وننمو.

إن لم نتغيَّر وننمو، حتى بمعدل سير الحلزون، إذن فهناك شيء من الخداع. في هذه الحالة قد أذهب إلى حد التشكيك فيما إذا كان الشخص قد نال الخلاص حقًّا – «مسيحي حقيقي أم مسيحي مزيَّف؟» كمسيحيِّين ينبغي أن ننمو باستمرار أكثر فأكثر لنشابه المسيح. نفس الشيء ينطبق على جاكي. قد تكون قادرة على تزييف الصورة لخمس دقائق ولكن يومًا بعد يوم، ومن سنة لأخرى، خلال الأوقات الجيدة والأوقات السيئة، إذ تستمر في النمو، سيكون من الصعب على أي شخص أن ينكر الدليل على عمل اللهُ في حياتها – حتى بالنسبة لفرانك. إذن، إن كان الدليل واضحًا للعيان فماذا يُقال عنَّا:

«مسيحي حقيقي أم مسيحي مزيَّف؟»

IX 9Marks

الخطوات العشر الأولى

هذه السلسلة من الكتب الدراسية للتلمذة والتعليم الكتابي، من سلسلة الخطوات العشر الأولى لـ 9Marks، مُصمَّمة لتساعدك على التفكير بعمق في بعض الأسئلة المهمة في الحياة.

١ – **اللهُ:** هل هو موجود؟

٢ – **الحرب**: لماذا أصبحت الحياة أكثر صعوبة؟

٣ – **الأصوات**: لمن أُنصت؟

٤ – **الكتاب المُقدَّس**: هل يمكننا أن نثق به؟

٥ – **آمِن**: ماذا ينبغي أن أعرف؟

٦ – **الشخصية**: كيف أتغيَّر؟

٧ – **التدريب**: كيف أعيش وأنمو؟

٨ – **الكنيسة**: هل ينبغي عليَّ أن اذهب إليها؟

٩ – **العلاقات**: كيف أُصحِّح الأمور؟

١٠ – **الخدمة**: كيف أعطي مقابل ما أخذت؟

سلسلة بناء الكنائس الصحيحة IX 9Marks

هل تنعمُ كنيستك بالصحَّة؟

تهدفُ هيئة "9Marks" لتزويد قادة الكنائس بمصادر كتابيَّة وعمليَّة، لإظهار مجد الله للأمم من خلال الكنائس الصحيحة.

من أجل هذا الهدف نريد أن نساعد الكنائس على النموِّ في العلامات التسع للصحَّة، والتي كثيرًا ما يتمُّ إغفالها:

١. الوعظ التفسيريّ
٢. اللاهوت الكتابيّ
٣. الفهم الكتابيّ لبشارة الإنجيل
٤. الفهم الكتابيّ للاهتداء
٥. الفهم الكتابيّ للكرازة
٦. العضويَّة الكنسيَّة
٧. التأديب الكنسيّ الكتابيّ
٨. التلمذة الكتابيَّة
٩. القيادة الكنسيَّة الكتابيَّة

نكتبُ في "9Marks" مقالاتٍ، وكتبًا، وتقييماتٍ لكتب، كما نُصدرُ مجلّةً إلكترونيَّة، وأيضًا نعقدُ مؤتمراتٍ، ونقومُ بتسجيل مقابلاتٍ وننتج مصادر أخرى لتمكين الكنائس من إظهار مجد الله.

قم بزيارة موقعنا الإلكترونيِّ لتجد محتوىً بأكثر من ٣٠ لغة، كما يمكنك تسجيل دخولك على موقعنا لتحصل على مجلّتنا الإلكترونيَّة المجانيَّة. يمكنك أن تجد قائمة بمواقعنا الأخرى الخاصَّة بلغات مختلفة على هذا الرابط: 9marks.org/about/international-effort/.

9Marks.org

20schemes

Gospel Churches for Scotland's Poorest

توجـد خدمــة 20schemes لتأتــي برجــاء الإنجيـل إلــى أفقـر مجتمعــات إســكتلندا مــن خــلال تنشـيط وزرع كنائـس صحيحــة تعظ بالإنجيـل، ويقودهــا فــي النهايــة جيــل المســتقبل مــن قــادة الكنيســة المحليــة.

«إن كنَّــا ســنرى حقًّــا اختلافًا في حياة السـكَّان في أفقـر مجتمعاتنا، فعلينــا أن نقبـل بســرور اســتراتيجية جذريــة وطويلــة المــدى تأتــي برجــاء الإنجيل إلــى آلاف لا يُعــدُّون ولا يُحصون».

ميز مكونيل، مدير الخدمة

نؤمــن أن بنــاء كنائــس صحيحــة فــي أفقــر مجتمعــات إســكتلندا ســوف يجلــب تجديــدًا حقيقيًّــا ودائمًــا وطويــل المــدى إلــى حيــاة أشــخاص لا يُحصــون.

الاحتياج مُلِح

تعلَّم المزيد عن عملنا وكيفية المشاركة معنا من:

20chemes.com

Twitter.com/20schemes

Facebook.com/20schemes

Instagram.com/20schemes

مطبوعات Christian Focus

رسالتنا

البقاء أمناء

بالاعتماد على الله نسعى إلى إحداث تأثير في العالم من خلال منتجات أدبية أمينة لكلمته المعصومة، الكتاب المُقدَّس. هدفنا هو ضمان تقديم الرب يسوع المسيح بصفته الرجاء الوحيد للحصول على غفران الخطية، وعيش حياة نافعة والتطلع للسكن في السماء معه.

كتبنا مطبوعة من خلال أربعة ناشرين:

Christian Focus

أعمال منتشرة تضم السِيَر الذاتية، والتفاسير، والعقائد الأساسية، والحياة المسيحية.

Christian Heritage

كتب تُقدِّم بعضًا من أفضل المواد من إرث الكنيسة الغني.

Mentor

كتب مكتوبة على مستوى مناسب لطلبة كليات اللاهوت والكتاب المُقدَّس والرعاة والقُرَّاء الجادين. تشمل المطبوعات تفاسير، ودراسات في العقيدة، وفحص للمشاكل الحالية، وتاريخ الكنيسة.

C F 4.K

كتب للأطفال للتعليم المسيحي الجيِّد ولكل المجموعات العمرية: مناهج لمدارس الأحد، كتب، بازل، وأنشطة؛ وعناوين خاصة بالدراسة التعبُّدية العائلية والشخصية، سِيَر وقصص ملهمة – لأنك لست أصغر من أن تعرف يسوع!

ذهن جديد

رسالتنا: نحن خدمة تعليمية هدفها تجديد الذهن وتثبيت وتأصيل المؤمنين في كلمة الله المُقدَّسة وتقديم خدمة المشورة الفردية والأسرية بهدف الاسترداد الكتابي لمجد الله والرب يسوع المسيح.

للتواصل معنا

WhatsApp +201211583580 - +201210150752

Social Media: https://www.facebook.com/mashoraketabyya

https://t.me/zehngadiid

https://twitter.com/zehngadid?s=09

Website: www.zehngadid.org

Email: info@zehngadid.org